大家小小书
篆刻 王兴家

# 中国历史小丛书

# 新编历史小丛书

新编历史小丛书

# 良渚遗址

罗晓群 黄莉 著

北京出版集团
北京人民出版社

# 良渚文化与良渚遗址

什么是良渚文化？

良渚文化是我国长江下游太湖流域新石器时代晚期的一支考古学文化。经碳十四测定，距今5300—4300年。1936年施昕更先生在良渚首次进行考古发掘，并出版《良渚——杭县第二区黑陶文化遗址初步报告》。1959年著名的考古学家夏鼐先生将之命名为"良渚文化"。

良渚文化由7000年前的马家浜文化和6000年前的崧泽文化演变而来，具有鲜明的长江流域特色。良渚文化有发达的稻作农业、先进的手工业、统一的宗教信仰，留下宏大的宫殿与古城、世界上最早的水利系统等多种遗迹，可能已出现早期国家。

良渚文化的分布范围极为广泛，主要以太湖流域为中心，东临大海，南至钱塘江，西以茅山、宜溧山地与天目山为界，北越长江，面积达

36000余平方公里。其中，又以杭州市北郊的良渚、瓶窑两镇为良渚文化的核心区域。

良渚文化是中国当时最为显赫发达的考古学文化之一，创造出了灿烂辉煌的物质文明与精神文明，是中华五千年文明的实证。

什么是良渚遗址？

良渚遗址，又称良渚遗址群。它位于中国历史文化名城杭州北郊，由300多个遗址构成，有城墙、宫殿、水坝、祭坛、村落、墓葬、河道等遗迹，面积达100多平方公里，是一处类型最丰富、分布最密集、等级最高的大遗址，"是实证中华五千年文明史的圣地"，也是中国目前保护、保存最完整的一个史前遗址群。

良渚古城遗址是良渚文化的都城，也是良渚遗址的中心，由宫殿、内城、郭城和水利系统组成，面积达6平方公里，是四重结构形制的都邑城址。良渚古城遗址是目前发现的世界上规模最大的5000年前的既有城墙又有水利系统的都城遗址，2019年7月6日被列入《世界遗产名录》。

# 目　　录

# 第一章　良渚古城

## 第一节　发现城墙

说到古城，让人不由得想象这样一幅画面：巍峨的青砖城墙，高大的木制城门，神秘地将城中的景物牢牢锁住。5000年前的良渚古城又会是怎样的场景呢？2007年城墙遗址被发现时，召开了新闻发布会，公布成果，良渚古城一下子成为焦点，吸引了无数的目光。城墙究竟是不是5000年前良渚时期的呢？当时有这样的营建能力吗？城墙现存遗迹仅为局部，如何得知所有的城墙是同一时间营建的呢？为什么城墙内没有发现手工作坊及房址遗迹？

城墙的发掘者浙江省文物考古研究所所长刘斌在中央电视台"开讲了"节目中详细叙述了发现城墙的过程。2006年12月，他们为了配合当地的经济建设，在瓶窑镇葡萄畈做考古试掘工作。

挖掘工作很顺利，挖出了一条良渚时期南北向的古河道，河道里有当时人们丢弃的垃圾。这些垃圾成为见证良渚时代的重要遗物。他们顺着河道找到了岸边，挖掉3米多高的黄土后，有大片大片连续的"石块面"。这些石块有棱角，不可能来自河沟中，刘老师推测应该是人工开采。如果是人工开采，那该是怎样的工程呢？第二天，他走访周边的住户，询问在挖水井时，地下是否挖到过石块。住户们的答复很肯定，都曾挖到过石块。

听到这众口一致的回答，考古人的直觉告诉他，有可能将是一次重大发现。他想到应该了解石块面的长度。如果石块面长度在几米之内，很可能是很久以前堆筑的河堤；如果石块面长度几百米或上千米，那如此巨大的工程量，石块面就很可能与城墙建设有关了。为掌握石块面的信息，沿着石块面的南北两头，他和技工们计划了几条线路，用洛阳铲打探洞的方式，试着摸清石块面的走向。当石块面长度达1000多米时，南头遇上自然山体凤山，北头到了苕溪边——两头都断了。他们在北面向东转弯继续打探洞，竟然又打到了石头——这就是北城墙，沿着北城墙陆续找到了东城墙和南城墙。城墙四面都找到了。这是良渚时期的一座古城。

城墙东西长1770米，南北长1900米，周长为6公里。除了北城墙保留下城墙原来的高度之外，其他三处城墙的墙体均在历代的工程营建与良田改造中毁坏，仅残留城墙的墙基。从北城墙的剖面看，墙体高约4米，由纯净的黄土堆筑而成，城墙底部铺垫石块面作为墙基，有效地防止了墙体下沉。城墙墙基宽度在40米至120米不等，墙基宽度40米的地方，截面呈梯形，堆土至4米多，墙体两侧均较陡。墙基宽度120米的地方，一般截面呈慢坡状梯形，有利于船只停靠在坡地，人可以从坡地登上城墙。考古工作者还在北城墙上发现了房屋建筑的遗迹，推测城墙上曾经建房住人。居住在城墙上的良渚先民，临河而居，生活垃圾与生活用品的残件，随意地丢弃在河道里。经过千年，这些垃圾与残件一直沉寂在河道中，被原地保留了下来。考古人员在葡萄畈遗址发掘时，挖到了这些残件。这些残件具有鲜明的良渚晚期特点，证实了城墙为良渚文化时期营建的重大工程。

考古人员在城墙的其他三个方向也做了局

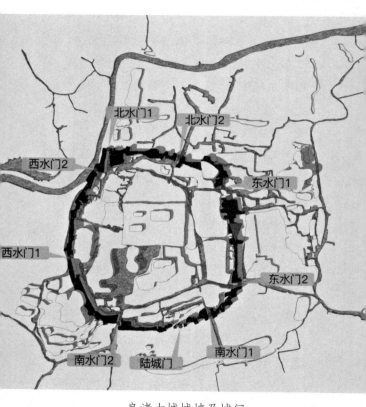

北水门1
北水门2
西水门2
东水门1
西水门1
东水门2
南水门2
陆城门
南水门1

良渚古城城墙及城门

部试掘，墙体结构与北城墙一致。目前，良渚古城的考古成果不断取得新的突破。城墙东、西、南、北四个方向，各有两座水门，南城墙中部多一座陆城门。古城内有古河道51条，宫殿区的北、东、南三面各分布有一条主河道，呈"工"字形布局，与其他次要河道共同构成"井"字形的河网。其中，东西向的主河道良渚港历经5000多年至今仍在使用。

有人很好奇，良渚古城墙用了多少垫石？这些石头来自哪里呢？又是如何运到现场的呢？带着这些疑问，考古人员进行了专题调研。他们的调研不仅仅为了解答问题，更重要的是通过调查，掌握良渚遗址周边的资源分布情况，以及当时人们对资源的利用，对社会进步产生的重大影响。古城墙的垫石总面积达29万平方米，如果全部挖掘出来那是何等大的工程量呢。因此，考古人员在城墙四面挑选了4个试点，发掘面积约700平方米。对每个点挖出的石块仔细统计，共计10526块垫石。每一块石头都经过观察、测量、登记。然后，步行在周边山林、河沟采集石样，比对分析……每一项课题的研究背后都有人无法想象的艰辛的付出。经历4年多才出版了《良渚

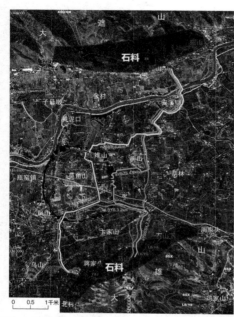

良渚城墙铺
垫石来源

下左：考古发掘
揭示出的良渚古
城西城墙
下右：考古发掘
揭示出的良渚古
城北城墙

古城城墙垫石研究报告》。报告中明确指出，根据4个试点垫石的形状、质地、颜色比对，岩石约有11种类，均来自周边的两座山——大遮山与大雄山等丘陵山地。最为有趣的是，为了解答垫石的搬运问题，研究人员做了一次实验考古模拟。以城墙石块10—35厘米的尺寸为例，人们在山谷采用手捡—搬运—运输—卸船—搬运—铺装等流程，用竹筏运输，29万平方米的垫石，每次运4.5平方米计算，约需要6.44万筏次。每筏次耗时10.37小时，需66.8万工时，若以每工8工时计，合8.4万工。

这样的施工工时，需要具有充足的人力、完备的运输工具、强大的后勤保障、合理的组织管理。因此，没有国家组织机构的管理与实施是无法推进这样的工程的！

## 第二节　古城宫殿

自良渚古城墙的发现，良渚遗址的发掘进入到都邑考古阶段。考古发掘的计划围绕古代都城的规划、功能布局开展，经历10余年，已初步探知，良渚古城主要由宫殿区、内城、外城三部分构成。外围有大型的水利系统工程。一项一项重大考古成果相继公布，如此复杂的城市结构，规模宏大的工程量，虽令人难以置信，但考古事实让人确信5000年前良渚这块宝地曾经矗立过一座古城。

古城的正中心是宫殿区。这种中轴线的营建理念是中国古代都城建制体系的核心。如故宫就在北京城的中轴线上。宫殿区由莫角山台地、皇坟山台地、池中寺台地组成，呈"品"字形结构，面积约30万平方米。其中，莫角山台地最大，其他两个台地次之。莫角山台地，又称莫角山宫殿区。它是在什么时候被发现的呢？考古学家又在宫殿区发现了什么呢？

说到莫角山，有一件非常神奇的事。在1977年的深秋，著名的考古学家苏秉琦先生与吴汝祚先生应浙江省文物考古研究所牟永抗先生的邀请，考察良渚周边的遗址。经过莫角山时，苏先生曾指着莫角山说"此乃古杭州也"。意思是这里应该是古代杭州都城所在地。当时的莫角山是一片果林，山坡上种满了桃树，每当春天，满山遍野的桃树上粉色花朵摇曳，非常漂亮。苏秉琦先生观察地势与构造已察觉到此处不凡。牟永抗先生在文章中谈到，苏先生曾多次就反山的面貌作过探讨，并促使牟先生对发掘反山遗址下定了决心。苏先生与良渚先民穿越时空的不谋而合，看似神奇，却说明了中国古代都城选址的必要条件，而这些条件也一直传承下来。

1992年，莫角山宫殿区上的长命印刷厂要扩建厂房，考古人员到现场进行考古发掘，发现了一处重要的人工堆积夯筑层。夯筑层是泥和沙的混合，在泥层中掺入粗沙有助于雨水下渗，雨天不容易积水，整个夯筑层制作较为费时。制作时先铺上一层泥和沙，在泥面上用圆木夯实；夯筑层最厚的地方有13层，厚达50厘米，整个夯筑层的面积有7万平方米。如此巨大而考究的工程，不会是一项平常的工程，很可能是举行重要仪式的大广场。这一重要的发现使考古工作者对莫角山台地有了新的认识。为此他们在小莫角山的南面进行挖掘，在约100平方米的面积内又出现了3排东西向排列的柱洞，每排之间相距1.5米。柱洞一般与建筑有关。这些柱洞最大的直径90厘米。后来在钟家港遗址中出土的木构件长约20米，直径约50厘米，柱洞的尺寸与故宫太和殿中的柱子一般大小。那么，此处是否就是良渚时期

开满桃花的莫角山遗址

的宫殿遗址呢？此后，莫角山台地未进行深入的发掘，一直到城墙的发现。

城墙的发现确定了城的范围，莫角山宫殿区明显位于城中心，且高于周边台地，它所展现的居中尚高的理念，与中国古代传统以高为尊，以

中为贵的观念相符。在良渚博物院展出的展板上有一张莫角山宫殿区工程示意图，由考古工作者叙述考古发掘成果，技术人员利用现代计算机建模复原。这张图看似简单，但每一个数据都来之不易。首先，考古证据来自考古人员多年来的研

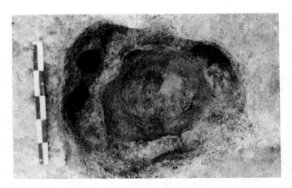

莫角山遗址发现的柱洞

究成果；其次，这些证据运用现代计算机技术，经过图形化的转化立体呈现，才能简单易懂。从图中剖面看，台地为人工堆筑，工艺复杂，工程量也很难计算。莫角山原来是座自然山体，西高东低。为了使它成一个水平面，必须在东面低地处堆积淤泥成一个大平面，在边缘用板筑或铺垫木板起保护的作用。最后，平面上又堆积出3个大台地。莫角山宫殿基础这样复杂的营建过程，展示了良渚先民因地制宜、就地取材的认知自然、改造自然的社会动员能力。显然，这里已超越了一般建筑基址的意义，非宫殿建筑莫属。

从1992年至今，莫角山宫殿区已进行多次发

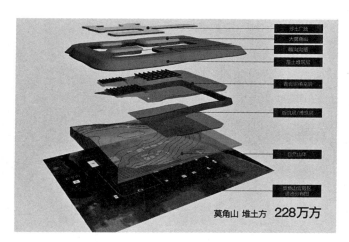

莫角山官殿区工程结构分层

莫角山官殿建筑模拟复原

掘，我们对于宫殿区的结构与布局有了更清晰的了解。整个宫殿区东西长450米，南北宽630米，总面积达30万平方米。莫角山宫殿区上有大莫角山、小莫角山、乌龟山，均为人工堆筑而成，大莫角山最高，有16.5米。这些台地上发现了早晚期的房屋遗迹共有11座。大莫角山上有7座房屋，南排3座，北排4座，最大的面积达900平方米。小莫角山上有4座房屋，早期2座，晚期在原来的基础上，又改建成1座。乌龟山破坏最为严重，建筑遗迹已被后期的生产与生活毁坏无存。虽然这些建筑的构件未能保存下来，但从基础的营建与特殊的地理位置已然证实它们是宫殿或良渚先民最重要的建筑。莫角山宫殿区从地下基础到地面建筑的整个工程规模巨大，工艺复杂，展现出良渚时期强大的规划与营建能力，科学的组织与管理能力，显然当时应已出现国家的组织机构，才能完成像宫殿以及水利系统这样的公共设施。

宫殿区中皇坟山台地与池中寺台地还没有进行大规模的发掘。从目前的考古发掘资料看，皇坟山台地的基础也为人工堆积而成，整体形状与莫角山台地相似，与莫角山台地之间有道路相连接。池中寺台地则让考古人员又爱又恨。此处原

莫角山宫殿区建筑基址分布

是杭州儿童福利院，因良渚古城遗址建设国家考古遗址公园，已另选址搬迁。浙江省文物考古研究所原计划利用儿童福利院的建筑进行改造，建设良渚遗址考古研究中心，对良渚遗址展开全方位细致深入的研究。当改建的设计工作如火如荼地进行时，对池中寺台地开始试掘调查。试掘发现了成堆的炭化稻米。改建项目只能另换新址。目前，池中寺台地已发掘面积800平方米，发现了3座良渚文化晚期的房基和2处大面积的炭化稻米堆积地点。考古人员根据现有数据做了初步测算，稻米埋藏量达20多万斤，据此推测这是一处大型的粮仓，供给宫殿区。在粮仓附近还有一处大蓄水池。池中寺台地除了北面与宫殿区相连，其余三面都是水域。水既可日常防火又便于粮食的运输。

良渚古城宫殿区的揭密工作还在继续，期待有更多的发现让我们一窥良渚王的世界。

## 第三节　古城内城

良渚古城内城特指城墙以内的空间，面积约3平方公里。从目前考古发掘资料显示，内城的最中间是宫殿区，宫殿区的东面是作坊区。西面是墓葬区。内城里已探明有河道51条，纵横交错，成为当时主要的交通通道。

莫角山宫殿区的西部是墓葬区。有反山墓地、姜家山墓地、桑树头墓地，呈南北走向的长垄。桑树头墓地在最南面，20世纪70年代时，当地的村民曾挖出了一些玉璧与石钺，浙江省文物考古研究所进行了清理。姜家山墓地发现于2015

年，也是在自然山体上人工堆筑而起的大土台，东西长约270米、南北宽约220米，面积约5万平方米，发掘出14座良渚文化墓葬。墓葬分3排分布，出土文物644件，有玉器、石器、陶器、骨器等。最高等级的墓葬是1号墓，出土器物175件，其中玉琮1件、玉璧9件、石钺9把，成组锥形器1组7件，冠状器1件，三叉形器1组2件。从出土随葬品的形状看，时间与反山墓地大致相同。姜家山墓地位于反山墓地与桑树头墓地之间，出土的玉礼器显示墓地主人应为贵族身份，但墓地中还发现平民墓与小孩墓，考古人员推测姜家山墓地很可能还是家族墓地。

反山是一座长方形大土墩，土墩的高度约6米。因比周边田地高些，走过这里就像"翻山"而得名，后又改为"反山"。五六十年代反山西侧被开挖烧砖，南面挖了2个防空洞，其中一个防空洞挖出了良渚时期玉器、石器。后来，反山上面种植茶叶、竹子。80年代，反山周边又建房、建厂。工厂要扩建，就把反山选作新厂址，反山岌岌可危。恰好，这一消息传到了浙江省文物考古研究所，考古所当机立断在反山进行考古发掘。

反山墓地总面积约10000平方米。表面清理出11座东汉时期的砖室墓，墓室早已被破坏，随葬品也所剩无几。其中4号墓还打破了良渚时期墓葬。1986年首次发掘反山，布置探方660平方米，连续发掘了20多天，探方深度达1.5米。考古人员回忆当时颇为忐忑，不确定是否会出（良渚）大墓。1986年5月31日是值得纪念的一天——王墓显露迹象，出土一件红色嵌玉漆杯。接着玉器接连出现，达600多件。这座墓因是第12座被发掘出来的墓葬，被编号为12号墓。此后连续发掘出11座墓葬，其中9座分南北排列很整齐，没有重叠与交叉等现象出现，很可能墓地建设时，已有规划设计。反山墓地共随葬器物1273件（组），有陶器、石器、玉器、象牙器、嵌玉漆器等等。其中玉器数量最多，占90%以上，单件统计数量超过3500件。这些玉器种类丰富，造型各异，工艺精湛，纹饰精美，展现了5000年前的创新意识与制作技艺。尤其是玉琮王上完整的神人兽面图像，显示了良渚时期复杂的精神世界。这次的发掘在良渚文化考古史上极其重要，是浙江首次发现良渚文化大墓，12号墓也是迄今为止良渚文化墓葬中等级最高、随葬品最精致的

1986年反山发掘现场搭建的拍摄架

反山墓地

反山12号墓出土情况

墓葬。发掘经过也是相当惊心动魄。

反山墓地发掘工作与考古报告整理出版相距10余年，考古工作者对良渚文化遗迹的特征了解得越来越清晰。考古人员反观反山遗址当年发掘时的状况，10米×5米的祭坛，被9座墓葬打破。另有2座是良渚文化晚期的墓葬，是后期堆筑增高埋设的新墓。因此，反山墓地是连续使用的王族专用墓地。墓地的土台营建、棺椁木作、琢玉工艺、漆器制品等各方面的发展水平，以及神秘的祭祀与埋葬制度，是5000年前良渚文化极其丰富的物质文化和精神文化的缩影。

宫殿区的东侧是钟家港古河道，河道另一侧是钟家港台地，是良渚时期的作坊区。钟家港古河道长约1000米，宽约18—80米。在良渚早中期时，曾是贯通南北的主河道。到了晚期，接近莫角山宫殿区东侧的河道被人工填平。这一变化究竟出于何种用途，还需要做进一步的发掘与研究。

钟家港古河道延续时间较长，紧邻良渚先民居住的生活区，为我们留下了了解他们生活的蛛丝马迹。考古人员对钟家港古河道及周边的台地进行了发掘。在两侧的台地发现了漆木器、木器坯料，玉料、玉器残件，在河道里发现了许多动植物、少量人骨的标本。良渚博物院模拟再现了当时生活与生产的场景：河中竹筏与舟楫来来往往，河岸边用竹席与木桩作为护坡，岸上有木作坊、玉作坊、石作坊、骨器坊等作坊，形成一个专门的作坊区。匠人们在此工作，也在此生活，一些动物骸骨、植物核、破碎的陶片以及制作残件都倾倒在河内，为我们了解当时的社会提供了重要而宝贵的资料。钟家港作坊区出现于内城中，既能满足城内人们的生活所需，同时也是城市发展的重要保障。

　　良渚古城内城延续使用时间较长，整体的布局清晰，功能明确，展示了良渚时期的规划、组织、统筹管理等各方面的综合能力，也是国家意识形态的体现。

## 第四节　古城外城

　　良渚古城最外围9个台地，成半包围圈，称为外城。这些台地分别是扁担山、和尚地、里山、郑村、高村、卞家山、东杨家村、西杨家村、张家墩等，均为人工堆筑，高1—3米，宽

30—60米。它们断断续续，或相连，这些台地上有平民墓地、手工作坊和生活居住址等各种遗迹。扁担山到卞家山在良渚古城的一北一南相距约2700米，里山到郑村到张家墩东西相距约3000米，总面积约8平方公里。

卞家山台地距离古城南部约1000米，呈东西走向的长条形，长800多米，宽30—50米，比周边的农田高出2米左右。现代村民的住房和厂房覆盖在它的上面。90年代末，浙江省文物考古研究所对良渚、瓶窑两镇进行考古调查，确认了卞家山遗址的性质。2003年，为配合厂房建设项目，浙江省文物考古研究所进行主动发掘，由此揭开了卞家山遗址的发掘篇，确认了它是一处结构保存最完整的聚落遗址。南面是一片水域，从南至北，分别有码头、村落、墓葬等遗迹，发掘出陶器、石器、玉器、骨器、漆木器等各类器物1000余件。漆木器出土了70多件，种类很丰富，有漆觚、筒形漆器、漆豆、漆盘、彩绘漆器等。河边木桩、木臿、木榔头、榫卯结构、陶簸箕、蛇身鸟头刻纹等在良渚遗址中属首次发现。出土物还有陶质房屋模型、方形四足陶盘、动物泥塑、人头骨容器、漆觚等一批新器形，展示了良渚先民浓郁的生活气息与创造力。

　　河埠码头遗迹解密了良渚时期河埠头与码头的结构。整个河埠码头形状呈"T"形。岸边是河埠头，由140多根木桩分三排沿河岸横向排列；码头是将一排木桩从岸边向河中延伸10米左右，宽度近1米。建设时，先将圆形木桩的一端削成笔尖状，直接打入河底，然后将木板或木条铺设在木桩上，作为通行的路面。码头两侧各有一排竹篱笆作为护栏。码头与岸边的埠头组成河埠码头，沿岸埠头可以停靠小型舟楫或者竹筏，而栈桥可以停靠体量大、吃水深的大型船只。河埠码头结构的交通设施反映了良渚时期发达的水路交通运输业。在码头遗迹附近发现了一处房址，呈方形的单体建筑，面积约15平方米，建筑内有隔墙、灶坑、门道等遗迹。从地理位置与布局推测，它可能是码头边的一座公共建筑。卞家山墓地还发现了66座墓葬，其中10座是儿童墓。这些墓葬的随葬品平均不超过10件，随葬品最多的一座墓也仅有16件。从随葬品可以得知，卞家山遗址就是良渚时期的一处平民村落。

　　美人地遗址位于良渚古城城墙与外城之间，距离东城墙约100米，是一个呈东西走向、南北

卞家山码头遗迹

相对的多个人工堆筑组成的台地，长约270米。台地中间是河道。北部的台地使用时间比较久，经历了多次加宽增高。南部的台地在晚期时出现。考古人员对遗址做了局部试掘，发现台地上有建筑遗迹，表明曾有良渚先民居住在此。台地临河一面有结构复杂的木板护岸设施，有一人多

卞家山遗址61号墓

美人地遗址木构护坡

高。护岸设施由三部分组成：最下面是第一层枕木，枕木之上再交错叠压第二层枕木，最上面是一排木板护坡。由于美人地遗址仅试掘了局部，护岸设施的准确长度目前还不能确定，但从土台长度270米来估测，护岸设施的长度也应该极为壮观。以木板护岸，人们临河居住在台地上，江南水乡诗意的画卷自五千年前已徐徐向我们展开。

在美人地遗址，人们临河而居，生活垃圾

与废弃物就近倾倒在河道内，有陶器、石器、木器、动植物等遗存。这些遗存与良渚古城河道内的大致相近，可以确定美人地遗址兴旺于良渚文化晚期。

扁担山遗址距离北城墙约280米，是人工堆筑的长约377米、宽67—101米的长方形土台。在新中国成立前曾出土过玉琮、玉璧等重要玉器。浙江省文物考古研究所曾对它进行解剖与钻探，资料信息采集较少，但可以确定的是台地的建设时间比卞家山遗址晚，约在良渚文化晚期阶段，且使用了较长的时间。

良渚古城外城遗址区域范围大，目前已发掘的部分，已展示出江南水乡生活的一隅。

## 第五节　古城郊野

在良渚古城郊区，还分布着许多普通的村落。这些村落向我们展示了5000年前平民的生活。庙前遗址与古城相距6公里，这里发现有房址、墓葬、窖穴、木构水井等遗迹，全面反映了良渚文化最基层的社会单元形态。它也是良渚遗址中发掘面积最大、发掘时间最久的一处遗址。

庙前遗址第三次发掘全景（从东向西）

1955年在良渚遗址的朱村斗进行了良渚地区首次考古发掘。之后，在1988—2000年，浙江省文物考古研究所对庙前遗址进行了6次发掘，证实从距今5300—4300年，良渚先民们一直生活于此。

庙前遗址的遗迹丰富，有水井、古河道、房址、墓葬、灰坑等各类遗迹，发掘墓葬69座，出土物有陶器、石器、玉器等各类器物1500余件。

庙前遗址发现了两座木构水井，其中有一口水井经保护处理，被保存并展示在良渚博物院。木构井架深170厘米左右，是由两端带榫头或者卯眼的扁方木层层套合、严密叠放搭建而成。扁方木体积较大，由长度达130厘米、宽15—23厘米、厚7—10厘米的长方形木板加工而成。水井搭建过程中，每层木构间的缝隙用碎陶片等填塞，井框外也依次填上黑土、碎陶片、小石子等物质，并在井底填上细砂土，起到净化水质的作用。在水井中发现了60多件器具，其中陶器数量最多，以蓄水的壶、罐较多。水井的使用，让人们可以选择更适宜的居住地，保证有干净的饮用水，还为农田的灌溉提供源源不断的水源。

目前良渚文化考古发现的水井已达300多口，有纯土坑式、竹或苇编井圈式、木筒井圈式、木构井架式四种形式。最为常见的是木筒井圈式水井。水井的出现，为人类提供了更多元化的生活方式。

玉架山遗址与良渚古城相距20多公里。总面积约15万平方米，发现了6个相邻的环壕（围沟），每一个环壕是一个单独的氏族，6个环壕

庙前遗址出土的木构水井

庙前遗址木构水井内部

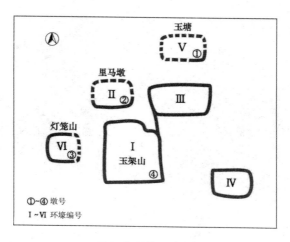

玉架山环壕示意图

就是由6个氏族组成一个完整的聚落。这个聚落的营建很有特点，将挖掘环壕产生的泥土用于内部土台的营建，成为居住和墓葬的地方，环壕修建时间有早晚的差别；而环壕则实现了领域、防护、交通和生活用水等多功能于一体。玉架山遗址的这种聚落模式是良渚文化的首次发现，也是长江流域史前考古的新发现。

玉架山遗址发现了397座墓葬，是迄今为止墓葬数量最多的良渚文化遗址。出土玉器、陶器和石器等遗物4000余件，其中玉器占了约60%。

200号墓是玉架山遗址最高等级的墓葬，也是继瑶山之后已知浙北地区良渚文化早期最高等级女性显贵者大墓。出土了平顶透雕纹冠状梳背、琮式镯、龙首纹锥形器、匕形器和成对的箸形器等器物，均十分精美。这个聚落从良渚文化早期一直延续到晚期，对于研究当时社会的组织结构、基本的社会组织单元及其人口数量、氏族内部和氏族之间的等级差异等提供了新的材料和视野。

茅山遗址与良渚古城相距20多公里，与玉架山遗址南北毗邻。茅山遗址由南、北两块构成，南部地势低洼的坡下为稻田区，北部为依山居住生活区和墓葬区。从马家浜晚期到良渚文化晚期一直有先民在此生活与耕种。在良渚文化中期已形成大范围的稻作农耕区，稻田形态为星罗棋布的条块状小田块，面积一二平方米或三四十平方米，中间纵横交错分布着小河沟，河沟又与河道相连。到了良渚文化晚期，稻田面积变大，约在1000—2000平方米，形状呈南北向的长条形，稻田之间用红烧土铺成田埂进行分隔，5条田埂将整块稻田分成4小块。整个稻田外围还有两条灌溉水渠。这种由稻田、田埂、水渠组成的结构形式与现代水稻田的耕种模式非常类似。

茅山遗址居住区发现了房基2处，墓葬161座，水井7口，路1条。墓葬有陶器、石器、玉器等随葬品，玉器有三叉形器、冠状器、玉璜、玉镯、锥形器等器物。其中133号墓出土了石钺27把。显然，此处墓地的主人们身份不一般。在遗址中，还发现了一座房基保存比较好，约有18平方米，分大小两间。有学者做了估算，村民七八户，人口35—40人，成年劳动力约16人，田地80亩。

茅山遗址的良渚文化中期条块状稻田和晚期大面积水稻田是首次发现。其中良渚文化晚期大面积水稻田的发掘发现了明确的道路系统、灌溉系统和完整的长条形田块结构，是长江下游地区史前稻作农业资料中的新类型，也是国内目前保存最好、结构最完整的新石器时代水稻田遗址，对于研究良渚文化时期的聚落形态、稻作农业，进而深入理解良渚文化在中华文明起源中的作用等，都有重大意义。

良渚古城以宫殿区为中心，加上内城、外城的结构，与中国后世都城的三重向心式布局很类似。显然这样大的面积，完成如此布局，除了时间问题，更体现出当时强大的规划营建能力与组

茅山遗址稻田

织动员能力。因此，有学者提出这样伟大而杰出的工程，依靠血缘家族是无法实现的，只有国家这样的组织机构才能实现。

# 第二章　物质基础

## 第一节　气候资源

良渚文化分布于环太湖流域的长江三角洲的海陆、江湖、山地的地界，西边是天目山余脉，东边是太湖与杭嘉湖平原，中间是太湖。天目山脉提供充足的木材、矿产、动植物等资源，湿地湖泊有丰饶的水产品。在良渚遗址群内遗址密集分布，但在现新104国道以南几无遗址，庙前和莫角山之间也有空白区，考古钻探表明，这里都为水域，不宜居住。良渚早期气候温暖湿润，海平面与现代接近；晚期转干凉，海平面上升。研究表明，太湖流域的海面、气候、地形、地貌、动植物等自然因素自全新世以来经历了复杂而剧烈的变化。

距今12000—4000年，太湖的形成与气候、地理环境的变迁，对人类文明的产生有着巨大的影响。考古发掘证实，距今7000年前，环太湖流域气候温暖温润，马家浜文化先民走出山地，在湖沼平原的高地上建立家园，栽培水稻，用釜煮食物，制作玉玦美化生活。距今6000年时，崧泽文化先民逐渐开创出新的局面，遗址数量明显增长，他们开始用鼎炊煮，以玉璜装饰自我。距今5000年前后的良渚文化时期，遗址数量暴涨，出现了不同等级的聚落，农业与手工业趋向专业化与精细化发展，有统一的信仰、成套的玉礼制，全面呈现出早期国家的形态。距今4300年前后良渚文化逐渐衰落，钱山漾文化与广富林文化在此地相继崛起，这些文化中既保留了一些良渚文化的元素，又吸收与融入了南、北方其他文化的元素，形成了富有自身特色的新文化。

良渚古城遗址在大遮山脉与大雄山两山之间的平原地带，形成一种"C"形地形，面积约800平方公里。为什么良渚先民会选择在这里建都城呢？这与山地中拥有丰富的矿石、水、动植物等各类资源有关，为当时人类生活和社会发展、良渚文明的产生提供了重要的保障。研究人员进行石器源头调查研究时，在瓶窑、临安、余杭等地山间采集的样本，与良渚时期的石料比较

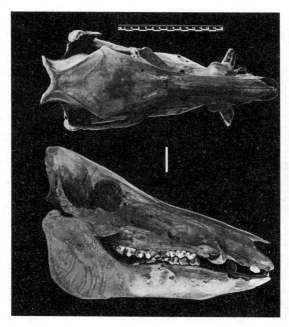

猪头骨

类似，这些地区很可能是良渚先民石器制作的原料来源地之一。良渚古城钟家港遗址出土了猪、梅花鹿、圣水牛等动物遗物，还有鱼、螺蛳、蚌等水产品。其中，猪骨的数量最多，约占肉食的64%。那么，这些猪是家猪还是野猪呢？经检测，猪骨的年龄约为1年或1年半左右，推测这些猪应为家庭人工饲养。为获得更多有价值的信息，考古人员用筛子拣选、清水淘洗的方式，将混入良渚地层里细微的遗物拣选出来。结果令人惊喜，桃、李、杏、甜瓜、菱角、葫芦等多种植物的果核或实物被清洗出来。研究人员进一步检测的结果显示，桃子、杏等植物为人工种植栽培，这是首次确定良渚时期已有人工栽培的水果蔬菜。丰富的动、植物种类向我们展现了先民们生产方式的多样性，饮食结构的多元化。

动物资源除了肉类满足人们生存需求，大型动物的肢骨等往往是较为常见的生产与生活工具。骨器虽出现于旧石器时代，但在人类生活中始终发挥着它的作用，并一直延用至今，如牛角梳。良渚遗址出土了丰富的骨器、兽角和象牙制品等。骨器一般采用较年长动物的骨头为原材料，制作成骨镞、骨锥、骨针等各种工具。骨镞

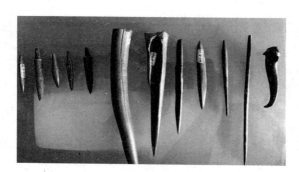

良渚时期的一组骨器

卞家山遗址出土的菱角

与石镞一样用于狩猎，骨针和骨锥用于缝纫皮革制品。在良渚古城内的钟家港遗址出土了唯一一件骨制鱼钩，钩上制作了倒刺，使上钩的鱼不能逃脱。很显然，用鱼钩钓鱼在良渚先民的生活中，已是平常事。这件骨制鱼钩让我们认识了良渚先民制骨与钓鱼的专业水平。良渚时期在卞家山、吴家场等遗址都出现了使用人的头盖骨做的某种容器。从卞家山遗址的头盖骨看，是从眉骨向后平整地切下来，前后各钻两个小孔，可穿系绳子。把头盖骨作为容器使用的方式，在历史文献中有记载，中原其他考古遗址中也有发现，用于表现胜利者的勇敢、威慑敌方的一种仪式。象牙在良渚时期被制作成权杖、梳子等物品，往往出现于高等级的墓葬中。

## 第二节　稻作农业

俗话说，民以食为天。5000年前的良渚先民吃什么样的食物呢？良渚古城远郊的茅山遗址的大型稻田遗址，总面积达80多亩。稻田呈长方形，有田埂，灌溉水渠，与今天稻田的种植模式类似。大规模水稻田的产出满足了人们基本生活的需求，就大量地存储下来。考古人员已发现了两处重要的炭化稻谷遗迹。莫角山宫殿遗址东侧出土了约3万斤的炭化稻谷，南部的池中寺遗址出土了20多万斤炭化稻谷，这两处很可能是良渚时期的粮仓。

考古资料显示，水稻的种植从10000年前已开始。5000多年前的良渚时期，水稻种植业已相当发达，出现了粳稻与籼稻。两种水稻均为亚洲栽培稻。我们现在食用的东北大米就是粳稻，形状矮胖；泰国大米是籼稻，形状细长。

发达的水稻种植业，与分工细化、专业的生产工具有关。如翻耕工具石犁、收割工具石镰、挖沟工具斜把破土器等一系列专业的农业工具。石镰是收割稻子的工具，它的形状、作用基本与现代铁镰相一致，但许多已发现的石镰开刃方式相反，似左手持镰使用，让人很难理解。农业生产中最具有代表性的工具是石犁。石犁的使用，是农业生产历史性的转变，标志着已从原始的耜耕阶段进入犁耕稻作阶段。所谓耜耕，是使用一种形状类似铁锹的骨耜工具，挖一个洞种一粒种子。在崧泽文化晚期石犁出现，安吉毗山遗址出土了21件石犁。石犁最初的形状是三角形状，两

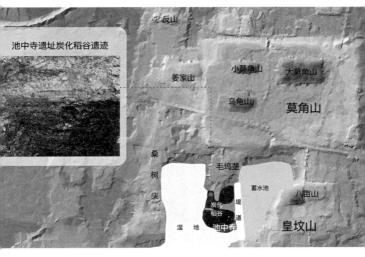

池中寺遗址炭化稻谷遗迹

反山

小莫角山　大莫角山

姜家山

乌龟山　　莫角山

桑树头

毛坞垄

蓄水池　八亩山

炭化稻谷　堤道

湿地　池中寺　　皇坟山

莫角山宫殿与池中寺台地

侧为单面刃，器身上有2—3个圆孔。使用时，先将石犁通过木栓固定在木质的犁床上，留出两侧的刃口。前面一人或者牛拉着，后面一人固定犁床，共同前行连续翻土。有了大面积松软的土壤，人们可以直接撒播种子。这样的方式大大地提高了耕地的效率，扩大了耕种的面积。在浙江平湖庄桥坟遗址出土了一套新的分体式石犁，分别由石犁头、左右犁翼三部分。特别珍贵的是这套分体式石犁的犁床形状保存完整，是世界首次

石镰使用示意图

平湖庄桥坟遗址出土
带木质的石犁

出土石犁与犁床的组合。石犁通长106厘米，石犁头长51厘米，宽44厘米。形状为等腰三角形，器身上有三个穿孔。石犁头之下的犁床残存55厘米，最宽处21厘米。尾端有装置犁辕的榫口。组合石犁的两翼长29厘米，形状为梯形，一侧为单面刃。器身上各有两孔。石犁的技术改良，扩大了单次的翻耕面积，部件的更换也更方便。单体石犁与分体式石犁在良渚时期同时使用，石犁的耕种效率提升，有了足够的粮食养活各个行业的人们，为文明的产生与发展奠定了重要的物质基础。从世界范围来看，建立在稻作农业基础之上的文明，目前也只有良渚文明，这在世界文明史上独树一帜。

良渚先民食用稻米时，与我们现今一样用特制的炊具煮熟食用。当时的炊具就是陶鼎、陶甗、陶甑。陶器是人类最伟大的发明之一，用泥土、沙子、谷壳、稻秆和水掺和起来，经过火的烧制成为实用的生活器具，改善和提高了人类的生活品质。考古发现，早在20000年前，人类已学会制陶。最早的制陶方法是将一片片泥片拼接成陶器的贴塑法。之后出现泥条盘筑法，将泥搓成泥条，一条一圈层层累加，或者一条接一条盘出器型。良渚时期制陶进入鼎盛时代，广泛采用快轮技术制作陶器。因此，陶器的造型较为统一，种类丰富，功能细分明确。如煮食物的炊煮器、盛放食物和酒水的盛食器和酒水器，存放食物的存贮器，陪葬用的明器等各类专用器，展示出良渚先民追求精致生活的态度。

良渚时期的炊煮器有陶鼎、陶甗、陶甑。陶鼎是以泥和沙等掺和料制成的夹砂陶，有三只足。使用时，将稻米与水放入器皿，木柴点火直

良渚文化陶鼎

接放在鼎身下。当煮成浓稠的米粥时，就可食用。如想食用米饭，需要更换陶甗或陶甑。陶甗的器身内部比鼎增加了一圈隔挡，在隔挡之下放水，之上则放上竹木，再放置竹席或麻布，稻米放在竹席或麻布上。加火烧煮，利用水蒸气将米蒸成干饭。蒸熟的干饭为人们提供了一种新的饮食方式，也进一步促进酿酒的产生。陶甑也是蒸食物的器皿构件之一，它与陶鼎相配使用，可直接放在陶鼎上。蒸食物的方式，丰富了人们加工食物的技能，更好地保留了米饭及其他食物的营养。

双鼻壶纹饰线绘图

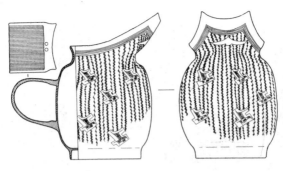

带流宽把杯纹饰线绘图

在上海福泉山遗址5号墓葬出土了一件陶鼎，器身上刻满了纹饰。刻纹线条流畅优美，组合灵动，像鸟纹，又像是龙纹。这件鼎很可能不是实用器，而是一种礼器。良渚时期鼎、豆、壶、罐代表了炊具、盛器、水器、存贮器，是良渚文化的典型组合。这些多功能的陶器满足了良渚先民生活的需求，也体现了良渚社会不同阶层的需要。他们的需求推动了制陶技术向专业化领域的发展。

良渚时期发达的犁耕稻作农业提供了富饶的物质基础，保障了社会生产力的迅速发展，为文明的产生创造了良好的物质条件。而品类丰富、先进的陶质生活用具，以创新的理念，不断实践，表现了人们对生活品质的追求。

## 第三节　竹木漆艺

　　竹子和木材是良渚时期重要的生活和生产物质资源，用途非常广泛。编织技艺早在旧石器时代就已开始。虽然有机质较难保存，但随着考古发掘与保护深入，出土的木器与竹器也越来越多，并被保存下来。近几年，在良渚古城内发掘出土了一些竹编物，如竹篮、竹席等。良渚博物院展厅陈列了一块已保护处理过的竹编物，它的经纬很有规律，与现代技艺相差无几，显示出良渚时期已掌握了成熟的竹编技艺。竹制品在良渚时期普遍使用，甚至于在美人地遗址的护岸、莫角山遗址的铺垫等基础设施工程中发挥了巨大的作用。

　　近10年来，良渚时期的大量木器被发现，使我们对当时富饶的物质生活有了更全面的认识。这些木器从功能上，可以分为建筑构件的码头桩基、护岸板、房柱；交通工具的独木舟与木桨；生活用具的盘子、杯子；生产工具的木臿、木柄；以及类似娱乐玩具木陀螺。

　　2017年良渚古城内钟家港古河道内出土3根

钟家港遗址编织物出土情况

卞家山遗址出土大小木陀螺

大木头。有一根木头的两端、中间各有一个牛鼻形穿孔，其中一穿孔还残留麻绳。这根木头长约14.6米、宽0.42—0.49米、厚0.23—0.28米。另有一件大木头长约10米，器身上凿39个方形卯孔。方形卯孔长度约9厘米，宽7厘米。如此巨大的木头遗留在宫殿区的古河道内，考古人员推测可能是从远处山上通过水路运输到宫殿区附近后，用于宫殿建设，但却因某种原因遗留在了河道内。当时与它们从山上一起抵达到此的兄弟们，很可能已被加工成某一部件，在宫殿建筑中发挥作用。

良渚时期的交通工具独木舟目前仅在茅山遗址的河道内发现一艘，保存完整。独木舟由整段的马尾松加工而成，形状为尖头方尾，全长7.35米、最宽0.45米、深约0.23米，船沿厚约0.02米。在卞家山遗址出土过木桨，通长1.5米、叶长0.73米、叶宽0.125米、厚0.04米，比河姆渡时期的木桨长了一倍，但叶宽相差无几。宽大的桨叶能形成较大的反推力，推动独木舟快速前进。茅山遗址的稻田与独木舟一起被发现，很可能是用来运输人力或者粮食。

作为生活用具的木屐仅在两处遗址中有发现，良渚博物院保存了其中的一只。这只木屐

卞家山遗址出土的木屐

虽然已残缺不全，但从它的基本形状，大致可知道器身上的4个穿孔，是用于穿系绳子，与脚固定。木屐适合南方地区，至今仍有些地区在使用。显然，有了木屐，他们很可能还有草、皮等不同材质的鞋子。当然，良渚时期出现了这样高级的木鞋，这个小小的细节反映出良渚先民的精致生活。

木作业的发达与规模化生活、先进的制作工具有关。良渚时期加工木材的主要工具是成组的石锛。石锛的形状多数为长条形或方形，单面刃，长度从3厘米至20多厘米不等。在庙前遗址的一处土台中，曾出土了一堆石锛，共有8件石锛与1件石锛坯料。最长的石锛长6.7厘米，最小的石锛长3.65厘米，宽2—3厘米。这堆石锛很可能是木工的整套加工工具。使用时，将石锛捆绑固定在木柄上，安装的方法有"L"、"一"、"T"等形状。"L"形与现代镰刀安装方法一致，用于斫削木材。"一"字形是安装在木柄的顶端，类似现代的凿，用于开凿卯眼。"T"字形特指石锛安装在木柄的中部，似现代传统木工的刨子。安装时，需在木柄上挖凿出卯，放置石锛。有时，石锛放入卯眼后有缝隙，须在缝隙中插入木楔。如果石锛安装在树杈、鹿角上，则用植物藤条或麻绳进行捆绑。匠人熟练地使用大小不一的石锛，进行砍伐、裁截、开板、劈削、挖凿榫卯等制作工序，完成木器的制作。这正是工欲善其事，必先利其器。良渚时期木器的专业化发展建立在丰富的自然资源、先进的石器加工技术，以及良渚先民们杰出的创新能力上。

漆器是人类美化生活的表现形式之一。早

卞家山遗址出土石锛一组

"L"形石锛安装方法示意图

在8000年前的跨湖桥遗址就曾出土最早的漆弓。漆产自漆树，涂抹在陶器与木器上，可以起到加固与美化器物的作用。良渚时期已懂得把漆与天然颜料调和成红色、黑色、黄色、棕色等色彩，并绘制到木质或者陶质器物上。从已出土的情况看，木胎漆器比陶胎漆器更为发达。木胎漆器是将整块的木头挖凿成形，外表涂饰朱漆。或者以黑漆作底子，红漆勾画，绘制出精美的纹饰。研究人员用光谱仪器，对卞家山遗址出土的一件漆觚进行成份分析。分析结果明确显示木质觚胎上一共涂饰了4层生漆，红黑相间，黑色是由于生漆自然氧化而产生，而红色由于赤铁矿和朱砂等矿物质而产生。在觚胎上漆时，先涂上一层黑漆，接着上一层赤铁矿红漆，再上一层黑漆，最后涂上朱砂红漆。良渚漆匠娴熟地运用漆与矿物质美化生活，是基于他们对生漆的防腐性强、体质轻、经久耐用的性能以及矿物资源特性的了解。

良渚时期反山遗址12号墓还出土了一件嵌玉漆杯。当年发现时，木胎已朽烂，只留下漆皮。上海博物馆的吴福宝先生到现场制模提取，经过几个月的清理与修复，根据漆皮保存的形状，用

卞家山遗址出土的漆觚

河姆渡遗址已保护处理的木头作木胎，复原了这件漆杯。考古人员经过仔细观察，认为漆杯的形状应该与陶器的带流宽把杯一样。杯身上镶嵌了141件玉粒，玉粒直径大至0.7厘米，小至0.2—0.4厘米。小玉粒以大玉粒为中心，构成似鸟、似蛇的图案。小小的杯子融木作、漆艺、制玉工艺于一体，工艺精湛，可能是某种特殊的礼器。

竹木漆艺是自然与人类智慧的结晶。良渚时期竹木漆艺的制作工艺与艺术表现能力，在新的考古资料与研究成果的基础上，让我们重新认识了良渚先民的精湛技艺。

## 第四节　玉石制作

良渚时期石器的种类丰富，有石犁、石钺、石锛、石镰、石镞、石凿、石刀等，普遍适用于农业、手工业生产及生活中，同时也成为战争武器或某种特殊的礼器。这些石制工具工艺精湛，用途广泛，功能明确，成组合或系列化，表明当时的石器制作呈专业化与产业化的发展。在良渚古城的各个遗址中，出土了大量的城墙垫石、石钺随葬品、石料坯件等石质物件。为了解这些石

嵌玉漆杯

料的来源，以及石料背后所隐藏的组织管理信息，研究人员对石器材质进行走访调查、鉴定分析。初步研究成果已确认石质工具在用材上有明确的区分，说明当时的匠人们已掌握了许多石料的岩性，并有选择地加工成他们所需要的工具，一些特殊的石料甚至成为身份、地位的标志。研究人员对反山遗址、文家山遗址等多个遗址出土的石钺进行比对分析，石钺无开刀现象，形态、质地和数量有比较严格的等级区分。石钺材质美观的凝灰岩，出土于王或权贵的墓葬；略次的砂岩材质，出现于一般贵族墓葬中，如文家山的1号墓；泥岩材质的石钺，则出现于平民身份的墓中。很显然，石钺的这种现象展示了良渚先民对石材矿物特性极高的认知程度，优质的资源被特权阶级所垄断，成为身份与地位的标志。

在石器制作的基础上，人们对玉料的认知与加工技术有了长足的发展，玉器制作业迅速成为核心产业。从良渚文化已出土的玉器分析，原料有阳起石、透闪石、滑石、叶蜡石、蛇纹石等种类。这些都属于广义上的"玉"。从狭义的概念来说，玉有真玉与假玉之分。真玉包括硬玉（翡翠）和软玉。良渚文化遗址中没有硬玉。软玉是

良渚遗址石器岩性分类

| 岩性 器类 | 火成岩 | | | | | 火山碎屑岩 | 沉积岩 | | | 变质岩 | | 合计 |
|---|---|---|---|---|---|---|---|---|---|---|---|---|
| | 安山(玢)岩 | 花岗岩 | 粗安斑岩 | 霏细岩 | 其他 | 凝灰岩 | 泥质岩 | 硅质岩 | 砂岩 | 角岩 | 斑点板岩 | |
| 石钺 | 10 | 2 | 2 | 1 | 13 | 107 | 58 | 28 | 77 | 15 | / | 313 |
| 石锛 | / | / | / | 2 | 4 | 3 | 88 | 256 | 55 | 9 | 2 | 419 |
| 石镰 | / | / | / | / | / | / | 1 | / | 5 | 12 | 1 | 19 |
| 石凿 | / | / | / | / | / | / | 14 | 18 | 11 | 24 | / | 67 |
| 石镞 | / | / | / | / | 2 | 2 | 273 | 74 | 12 | 9 | 1 | 371 |
| 总计 | 10 | 2 | 2 | 3 | 17 | 112 | 434 | 376 | 160 | 69 | 4 | 1189 |

透闪石—阳起石的角闪石族矿物组成的集合体，它们常具纤维交织显微结构和致密块状构造，结构越细密的品质越好。良渚玉器中黄白色的玉器多数是透闪石软玉，而青绿色的良渚玉璧多数是阳起石软玉。

研究人员根据多年来考古发掘出土的玉芯、半片玉琮等实物，以及玉器上各种切割痕迹，对良渚时期的玉器制作工艺做了分析。以玉琮为例，一般经过原料粗加工成坯、设计打样、切割、打磨、钻孔、雕刻等工艺流程。切割是最初的制玉工艺，分片切割与线切割。片切割是用竹片或石片带动解玉砂，来回磨制切割玉石的方式。线切割是采用麻绳带动解玉砂，加水来回拉动加工玉料的一种方式。钻孔分实心钻和空心管钻两种技法。实心钻一般用在小件玉器上，如牛鼻穿孔等；玉琮、玉璧等玉器上的孔用空心管钻。所谓空心管钻是借用动物或竹管等圆形空心物，沾上解玉砂放在打样线上，然后一边浇水一边钻动竹管。在瓶窑镇吴家埠遗址的一件半片玉琮上，残留着钻孔过程中一圈一圈密密麻麻的痕迹。

良渚玉器工艺中最精湛的是雕刻工艺。雕刻

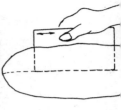

管钻取出的玉芯　　　良渚玉琮管钻痕迹　　　片切割示意图

工艺有阴线刻、减地、透雕、微雕等多种，微雕工艺是其中最杰出的技艺。反山遗址12号墓出土的玉琮王，在12平方厘米的面积内，雕刻了高3厘米、宽4厘米的神徽像。研究人员将神徽像放大后，用1—2毫米的标尺比对，清晰发现1毫米之内刻划的细条多达5条。玉器的专业技能达到了登峰造极的水平，可称为鬼斧神工。

我们可以知道，一个发展出如此高端技术的行业，应与当时社会中出色的管理者和专业的匠人密不可分。管理者垄断优质而稀有的矿物资源与分配各类物资的权力，为专业匠人提供保障。专业匠人以敬畏之心不断提升技能水平，完成每一件作品。在良渚古城内，手工作坊区与宫殿区隔河相望。钟家港遗址有制玉、木器制作、漆艺等手工作坊。宫殿区居住着管理者，也就是当时的统治阶层。管理者和专业匠人相互合作推动了良渚玉器制作业的发展，实现了玉器的等级化和礼仪化的质变，成为文明社会产生的促进剂。

## 第五节　建筑工程

良渚时期的建筑物有房屋、水利、台地等遗迹。房屋是人类最基本的生活需要。良渚时期的房屋建筑有浅穴式、干栏式、地面起建式等各种形式。这些建筑形式可能存在于同一个村落里，由地势、环境与空间来决定房屋的形式与结构。目前考古发掘出土了一些房屋的遗迹。庙前遗址发现的一处房址遗迹F1，形状为长方形。考古人员从遗迹现象分析，认为很可能是干栏式或地面起建式的建筑。但由于缺乏进一步的详细资料，还无法确定究竟是哪一种建筑形式。这处建筑遗迹发现于人工堆筑的台地上，有26个柱坑，柱坑长50—190厘米，宽30—85厘米，深20—60厘米。建筑西北面密集排列单柱，其余三面均由双排柱围筑。一些柱坑底铺垫有长条形木板，而且用2—3块或5—7块木板交错叠放。其中有3个柱坑内发现了残留的圆形柱子。此处遗迹的双排柱现象引起了研究人员的极大兴趣。他们根据柱坑的分布，对房屋的面积进行推测。推测一：以外排柱坑作为房屋的外墙计算，屋子长10米，宽8.5米，面积达85平方米。推测二：以内排柱坑作为房屋的外墙计算，长8米，宽5.5米，面积44平方米。虽然房屋面积小，但外排柱子很可能成为屋檐走廊。这样的构造显然比前一种建筑更为精致。我们从庙前遗址建筑遗迹的规模、结构来看，当时的建筑技艺已相当高超。

在绰墩遗址发现了一处浅地穴式建筑F11。所谓浅地穴是室内为下挖的凹坑，四周是墙体。F11呈长方形的南北两面坡结构，面积约14平方米。考古人员发现南北墙内共有16根木柱，柱子的直径8—12厘米，按照一定的间距排列。柱子是倾斜插在墙体上，并不笔直向上。北排的柱洞向南倾斜，说明柱子是朝南倾斜放置。南排柱洞向北倾斜，则柱子是朝北倾斜放置。这样的方式使柱子的顶端南北相交，交叉面上放上梁架，构成两面坡的屋顶结构。在房屋内铺垫了木板、芦苇编织物等。编织物是用两根1厘米或一根2厘米芦苇压扁后（约有9片）交叉编织成席，其经纬

卞家山遗址出土的木骨泥墙

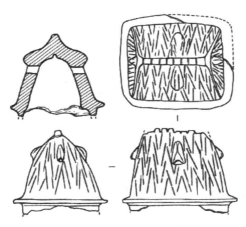

卞家山遗址出土屋顶模型

各宽5.5—6厘米左右。房址西南角发现有门柱，推测门高80厘米、宽120厘米，与我们现代家居中门的高宽尺寸正相反。这也是浅地穴式建筑的特征之一。

在卞家山与钟家港遗址还出土了一些墙体残件，有木骨泥墙和涂有白面灰的泥墙。木骨泥墙是制作房屋墙体的一种工艺。制作时，先用细木棍或者竹子做骨架，然后，两面抹上掺有谷壳的泥土，等墙体干透，再用火烧增强墙体的牢固度。最后在墙面上涂上白灰。以木骨作为墙芯，使屋子构造更加结实。而墙面上白灰工艺，既美观，又保护了墙体。考古人员也曾在史前其他遗址中发现类似的建筑，可见人们在很久以前已掌握了建筑房屋的技术，为安定的生活打下了基础。卞家山遗址还出土了一件屋顶模型。屋顶采用人字形四面坡顶结构，屋面铺设上厚厚的芦苇或茅草。每个坡面开设一个小窗，用于空气的流通。

依据以上考古实物资料，良渚博物院模拟复原了两处地面起建式建筑模型，分别是建在人工堆筑土台上的宫殿建筑和建在平地上的平民建筑。搭建的大致流程为：先在地面上做基础，接

地面起建式房屋

着立木柱子、砌墙体、盖房顶。但在模拟复原过程中，我们也发现许多搭建细节如梁的结构等等，还存在真实性的问题，仍需要相关专业人员深入探究，进一步去揭秘。可以说，良渚先民因地制宜选择居住房屋的形制就是一个很大的进步，而且从目前有关建筑的发掘资料来看，良渚文化建筑业也极为发达。

2016年考古人员在良渚古城的西面发现了良渚时期的水利系统。这一惊人的发现将中国水利建设史的时间提前至距今5000年，比大禹治水还早1000年。考古资料显示，良渚古城水利系统由谷口高坝、平原低坝、山前长堤三部分组成。山

良渚古城布局图

前长堤又称作塘山遗址，位于距离良渚古城北城墙2公里的大遮山山前，全长约5公里。在1996—2002年进行了多次发掘，发现了2座贵族墓葬和500多件制玉工具，如片切割的石刀，玉芯，及琮、璧、钺的残件等。同时，考古人员还发现山前长堤呈东西走向，是人工分段堆筑而成。以上种种迹象令他们非常困惑，这究竟是一处什么性

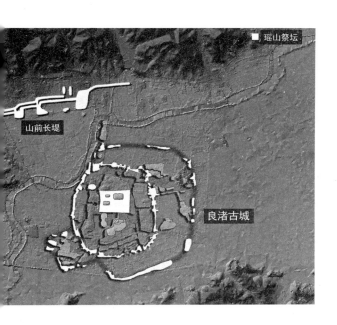

瑶山祭坛

山前长堤

良渚古城

质的遗存呢？从山前长堤的地形看，北面是天目山余脉的大遮山，当大雨滂沱时，山中之雨水顺势向古城而来。因此，考古人员当时推测山前长堤堆筑后既可阻挡北面来水，又可以容纳一部分人们居住、生活、墓葬等基本需求。随着良渚水利系统其他遗迹的发现，山前长堤遗迹的功能有了重新判定。山前长堤是良渚水利系统的重要组成部分之一。这处水坝结构独特，有单坝和双层堤坝两种形式。东、西两头是单坝形式，中间为南北平行的双坝形式，双坝之间的距离约20—30米。有学者推测，双坝很可能与良渚古城的水路运输有关。山前长堤作为良渚水利系统中最大的单体工程，独特的地理位置与形制很可能与它多样化的功能有关。

山前长堤的西端是与平原堤坝相接。平原堤坝是利用平原的孤丘筑坝。在相近的孤丘之间，以人工堆筑水坝的方式将两个孤丘连接起来。现共发现连接了5座孤丘的4条水坝，坝体高约10米，长度35—360米不等。坝体与孤丘相连后，形成了面积约8.5平方公里的呈三角形的大型水库区。水库的三角形尖部区与谷口高坝相接，将高坝水库中的水源引入低坝库区。

谷口高坝与低坝一样，利用自然山体的谷口，在山谷的谷口处筑坝，形成巨大的蓄水库。目前共发现2个库区6条水坝。每个库区各有3条水坝。水坝高约30米，长50—200米，厚100米。

谷口高坝与平原低坝形成上下两道防护体系，既可有效蓄水，防止大量洪水对良渚古城及周边稻田的冲击，又可充分利用水利资源，调节

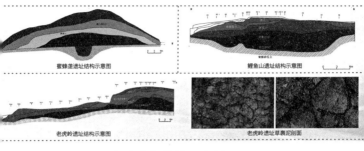

良渚水坝结构示意图

河道水位，为古城的水运交通和日常用水提供保障。

　　根据考古发掘资料，研究人员对良渚水利系统的建筑土方量进行估测，推测可达260万立方米，控制面积超过100公里。考古人员还发现这些水坝营建时，人们根据水坝所处的环境与地势，采取不同的工艺堆筑。如低坝的鲤鱼山遗址是砂性土，渗透性好，水易流失。因此，在筑坝前须要做好加固预防措施。人们先在谷口中间部位向下挖出宽25米、深3米的凹槽，槽内填青膏泥和草裹泥作为基础，再填上黄色土。尤其是迎水面，也堆上草裹泥及黄土形成斜坡。有的坝基铺垫石块或者堆砌纵横交错的草裹泥。良渚水利系统，从坝址的选择、地基处理、坝料选材、结构设计、坝体施工等方面，充分体现了中国早期水利工程的科学性，是中国乃至世界城市建设史上的杰作。

# 第三章　精神世界

## 第一节　祭坛

在良渚古城的郊区，有瑶山和汇观山两处祭坛与墓葬复合遗址，祭坛均建于良渚文化早期。这两处遗址最初发掘时，仅发现了祭坛与墓葬的遗迹现象。之后，对遗址扩大发掘范围，发现祭坛建设的面积与结构超出了考古人员最初的想象。

汇观山遗址位于反山遗址西面2公里处的一座自然山上。1991年，一户居民建房时，挖到汇观山遗址的一座墓葬，发现大量良渚文化玉器。浙江省文物考古研究所对它进行了抢救性的发掘，证实汇观山祭坛是良渚先民进行了规划与设计的。整个祭坛是以自然山体为基础，有三层阶梯状的台面。第一层是祭坛的主体，位于最高处，面积约1500平方米。祭坛外有一圈灰土围沟。第二层是比祭坛低1米左右的台面。第三层是比祭坛低2米左右的台面。第三层台面仅保留下南、西、北三面，台面的宽度各不相同。北面宽9.5米，用石头堆筑而成。西面宽10米，将山体开凿、平整而成。而南面最宽有30米，形成了类似广场的活动场地。祭坛东南部的山脚到山顶有三道石块台阶，推测可能是上祭坛的台阶通道。

瑶山遗址是浙江省文物考古研究所的考古人员首次发掘的祭坛。从1987年到1998年共进行了三次考古发掘，发掘总面积约1万平方米。明确了瑶山祭坛是良渚先民利用自然山坡堆筑营建的一项工程。整个遗址堆筑过程非常考究。中间是祭坛，平面呈"回"字形的三重土色来表现。最中间是"红色土"，用一圈灰色土围沟包围住。最后用黄褐色斑土筑成土台，并在土台西面、南面、北面用大小不等的砾石进行加固。东面是自然山体，没有用砾石加固。

瑶山与汇观山遗址的祭坛结构非常接近，平面呈"回"字形的三重土色，均发现墓葬与祭坛遗迹。东面似为祭坛的入口。两者有二个相同的问题，至今仍未找出答案：第一个问题是墓葬打

汇观山遗址发掘现场

1997年瑶山遗址发掘现场场景

破了祭坛。学者们提出了两种可能，一是因祭坛的废弃，改作墓地；二是墓地使用前，须举行隆重的祭祀仪式。第二个问题是祭坛的观象测年功能。有专家提出，很可能在春分、秋分、夏至、冬至四个节气时，太阳与祭坛的回字形土框形成相对应的位置关系。若这一假设成立，则良渚时期的先民们已掌握了较为丰富的天文气象知识，并为当时的农业生产提供重要的保障。

但这两处遗址也有一个现象出现了差异。在瑶山遗址13座贵族墓中有大量精美的随葬品，却独独缺少玉璧随葬。针对这一现象，有诸多的说法，如玉璧象征财富，墓主人不需要世俗的玉璧来陪葬；有说墓地建于良渚早期，玉璧还没有成为重要玉礼器。而在汇观山遗址的4座墓葬中，1号墓与2号墓是良渚早期墓葬，无玉璧随葬。3号墓和4号墓是良渚文化晚期墓葬却出土了5件玉璧，其中4号墓还埋在祭坛上。对于这样的现象，香港中文大学研究良渚玉器制作的邓聪先生根据汇观山2号墓出土34号玉琮做了推测：此件玉琮是整个墓地出土最精致的玉器，纹饰与反山墓地的玉器极为相似，很可能是反山墓地主人赠送给2号墓主人的。此外，2号墓埋葬时并没有打

瑶山祭坛

破祭坛格局，是因为祭坛仍在发挥其祭祀功能。最开始一部分墓葬埋设时，祭坛仍在使用。而当墓葬打破祭坛时，祭坛的功能已完全废弃了，改为了墓地。

良渚时期的祭坛遗迹在其他遗址中也曾发

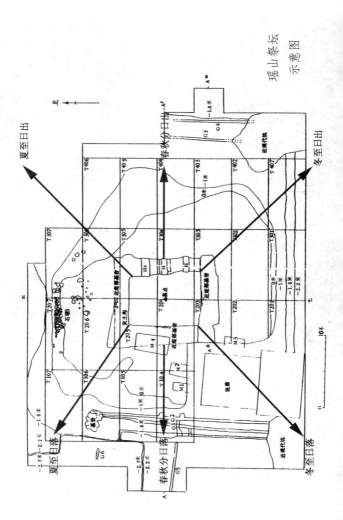

瑶山祭坛示意图

夏至日出

春秋分日出 A'

冬至日出

北

夏至日落

春秋分日落 A'

冬至日落

10米

现，但都无法与瑶山、汇观山祭坛相提并论。这两处祭坛从选址、建设、埋墓，以及墓葬中丰厚精致的随葬品，均已表明它们是有规划的建设与使用，而且它们的使用者与拥有者均是良渚时期的上层阶级。

## 第二节　刻划符号与原始文字

研究资料显示，良渚时期的玉器、陶器、石器等器物上，已出现了1000余个刻划符号。对这些刻划符号初步分析，它们有表意，有线条简单的指事性符号，也有被学者们称之为原始文字，以及宗教信仰的标识等各种含义。虽然这些符号还未被破译真实的意思，但是符号的不同表达方式，是多种有意识的行为的体现，充分反映了良渚时期符号所涵盖的信息量的复杂化。

指示性符号在良渚文化陶器上出现较多，比如"×""＋"等符号，刻划在器物的底部、脚部、口沿等。学者们认为这类符号在烧制之前刻划，作为标识性的记录。

表意性刻划符号有简单的各种动物形象，如狗、鳄鱼、鸟等，以及房屋形状，也有鸟立高台图符这样复杂的符号。鸟立高台图符是所有动物形象中最为复杂的结构。类似结构的图符目前已发现10余种，应有特殊的含义。它们一般发现于玉璧或少量的玉琮上。图符刻划得若隐若现，多数高台图形的内部刻了似人似鸟的图形，有学者推测可能表示巫师的形象。在古埃及文明中，我们也发现了类似的图符。这个图符是古埃及早期王朝时期第一王朝杰特名字的特指，由鸟形外加台形组成，鸟形表示神，台形表示宫殿，台形内部刻的就是国王的名字。也许有人会问，良渚时期的鸟立高台含义是否与埃及文明一样呢？它们之间有影响关系吗？从目前资料来看，相同的构图方式这一巧合，很可能是中西方史前文化在表现上的某种偶然性。

除了单个的刻划符号，还有成组符号的出现。有学者认为这些成组的符号，可能是原始文字的萌芽。如采集于浙江余杭南湖黑陶圈足罐，在陶罐器腹上的一圈，有12个连续的符号。李学勤先生曾解读为，记录了当时一位姓朱的人或部族遇到的一场惊心动魄的狩猎故事。这组刻符以多字符排列出完整句子，比起只能表达简单意思的单个字符来说，句子能够传递完整的信息，这

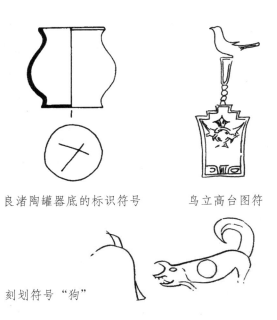

良渚陶罐器底的标识符号　　　鸟立高台图符

刻划符号"狗"

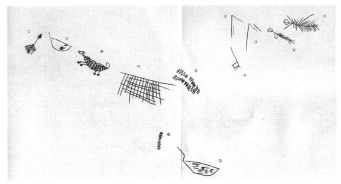

南湖黑陶圈足罐上的成组刻划符号

无疑是一种质的飞跃。

刻划符号中的图案是从具象的图像发展而来，它可以是装饰，也可以具有特殊的含义。良渚神徽就是具有特殊意义的图案。它是良渚时期艺术与精神世界的集中体现。良渚文化神徽像也被称为神人兽面像。反山和瑶山遗址是所有玉器中出现神人兽面像最多的墓地。据浙江省文物考古研究所方向明统计，反山玉器有23幅神人兽面像、17幅兽面像；而瑶山有神人兽面像3幅、兽面像7幅。这些图像出现于玉琮、冠状器、半圆形器、柱形器等玉器上。研究人员意识到，以神人兽面像为主题纹饰的玉器应与良渚时期的玉礼器系统有密切关系。2010年上海福泉山遗址吴家场207号墓出土的象牙权杖上也雕刻了10组神人兽面像。这一重要发现说明良渚时期的礼制用具除了玉器之外，其他材质也是礼器系统的重要组成部分。

神徽图案发现最早、最经典的是反山遗址出土玉琮上的神徽，刻于玉琮的四面直槽上，每个面积约12平方厘米，以浅浮雕与阴线刻两种技法完成，纤毫毕现，堪称微雕鼻祖。神徽像由神人和兽面两部分组成。上部是神人，戴着羽毛制成

良渚神人兽面图像（神徽像）

的帽子，肃穆的面部表情，双臂平伸，双手伸向
兽的头部。下部是兽的形象，圆睁的大眼，兽爪
弯曲地匍匐于地上。图案相当有意思，引起了很
多的猜测。有人说它与埃及的狮身人面像一样是
半人半兽组合，有人说是神人骑驾在神兽上，还
有人说是巫师持着兽面的盾牌。然而，至今无人
能解读神徽像真正的含义。

研究人员发现，在内圆外方的玉琮上，神徽

像（亦称神人兽面像）早期纹饰繁复、具象，雕刻图案与器物形态的造型变化并重；晚期逐渐简化、抽象。这似乎说明了，早期主要通过刻画细致的图案来表达神的功能，而晚期则已形成社会内部共识的规范化形态。

神人兽面像存在于良渚文化发展全过程，遍布长江中下游环太湖流域所有良渚文化遗址中，辐射范围达数百公里。它形态固定，在玉器上位于核心位置，也是象牙器、嵌玉漆器等其他良渚文化高端礼器上的主要图案。这都说明，良渚神徽是良渚先民共同崇拜、尊敬的最高乃至唯一的神祇，反映了当时长江下游环太湖流域的这一区域存在着高度一致的统一信仰。

## 第三节　典型玉礼器

玉器是良渚文明的重要特征之一。5000年前的良渚先民，将对神的崇拜，融入琮、璧、钺等玉器中，形成独特的玉礼器系统，用来标识身份和区别阶层。这套玉礼器系统集中体现了王权与神权集于一身，反映了良渚社会是具有政教合一特征的国家形态。同时，以玉为身份象征的观念渗透于各个阶层。但在不同层级的墓葬中玉器的随葬品从类别、数量、品质等方面却仍旧有着严格的区别。

反山遗址14号墓玉器随葬370件，有玉琮、玉钺、玉璧、冠状器、三叉形器、半圆形饰、锥形器、带盖柱形器、玉带钩、各类端饰、缝缀片、半圆管形饰、琮式管、鸟、蝉、长管、弦纹管、半球形隧孔珠、鼓形珠、球形珠、玉粒等20余种不同功能的玉器。

文家山遗址1号墓是文家山墓地中随葬品数量最多、最精致的墓葬。玉器随葬品69件，冠状器、玉璧、玉镯、长玉管、扁玉管、玉锥形器、玉珠等近10类玉器，尤其是冠状器、玉璧两类玉礼器仅1号墓共出，显示墓主统领一方的权贵地位与身份。

卞家山遗址10号墓玉器随葬品四件组，玉镯、玉管、玉珠串等三种装饰类玉器。这三种玉器是贫民墓中较为常见的。在卞家山遗址的66座墓葬中有55座墓随葬了这三种玉器，可见玉器在良渚时期的使用率与普及率之高，从而得知玉器在良渚文化社会中的重要地位。

社会上层对重要的玉礼器实行垄断，有严格

反山遗址14号墓

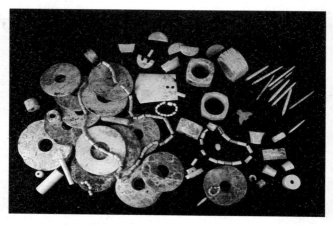

反山遗址14号墓出土主要玉器

的使用标准；而一般装饰性的玉器在全社会中普遍使用，可见玉器在良渚社会的重要地位。

## 玉琮

玉琮是良渚先民首创的玉器类型，它蕴藏着人们丰富而复杂的精神世界。中国古代有"国之大事，在祀与戎"的说法，意思是祭祀与征战是国家的大事。在良渚社会，玉琮和玉钺就代表着祭祀与征战。为什么说玉琮是祭祀的礼器呢？有两点：一是玉琮在中国古代典籍中有"黄琮礼地"的说法。二是玉琮上所雕刻的神徽图案在良渚文明中有重要的地位。反山遗址12号墓出土了6件玉琮，有雕琢简化神人兽面纹的，也有雕刻精致神人兽面纹的，其中98号玉琮最为精致。玉琮王出土位置在墓主人左肩上方，重6500克，高8.9厘米，上射径17.1—17.6厘米，下射径16.5—17.5厘米，孔外径5厘米。这件玉琮王上有神人兽面纹16个，在琮体四面的中间4.2厘米宽的直槽上刻有高3厘米、宽4厘米的浅浮雕和阴纹线刻的神人兽面纹，上下各一个，四面直槽共8个神人兽面纹。以琮体四角为中轴线展开雕琢简化神人兽面纹，也是上下各一个，四角共8个。四角

反山遗址12号墓出土的玉琮王

反山遗址玉琮王上的神人兽面纹（神徽像）

良渚玉琮组合

的神人兽面纹两侧各有一对抽象鸟纹。

多年的研究表明，良渚玉琮的形状是从圆形的手镯源起，逐渐形成内圆外方中间贯通的标准器形。这类标准器玉琮上的纹饰显示，由兽面纹、完整的神人兽面纹，简化的神人兽面纹、简化神人面纹的演变过程。因此，学者们认为玉琮内圆外方的形状契合了中国古代的天圆地方思想，圆象征天，方象征地，是一种祭祀天地的礼器。

事实上，玉琮还兼具有其他的功能，这些功能与在墓葬中出土的位置有关。如戴在手腕上，放置在头部边上，或环绕墓主身体一周等等。尤其是武进寺墩3号墓中43号的镯式琮，出土时戴在墓主人的手臂上。虽然镯式琮衍生出新型的标准琮，却未被替代，而与标准琮呈平行发展或存在的状态，甚至从良渚早期至晚期没有更改佩戴的功能。此类琮需要与标准琮有所区别。良渚文化历时1000余年，玉琮作为重要的玉礼器，其复杂而多功能的现象也反映了良渚社会发展、演变的复杂性。

## 玉钺

钺是一种砍伐的工具或打仗的武器。早在6000多年前的崧泽文化时期，石钺已成为礼器。5000年前的良渚时期，玉钺成为军事统帅权的象征，往往有玉钺随葬的墓，随葬品极为丰厚。石钺也仍保留着特殊的地位，如余杭星桥横山遗址2号墓出土了132件石钺。但在材质与使用上，玉钺与石钺界线分明。玉钺使用时，有单件和组合两种方式。组合式玉钺由玉钺、冠饰、端饰三个部分组成。冠饰是指钺上端的附件。端饰是指钺下部的附件。这三个部件固定并捆绑于约80厘米长的木头等有机质上，并在有机质上饰以漆艺、嵌上小玉粒，成为一套豪华的权杖。反山遗址12

反山遗址出土的玉钺王组合

号墓的组合式玉钺出土于墓主人的左侧，长约70厘米。其中，玉钺的形状像"风"字，长17.9厘米，上端宽14.4厘米，刃部宽16厘米，最厚0.9厘米。在玉钺靠近刃部的上、下两端，以浅浮雕方式雕琢完整的神人兽面纹（参见前图）与鸟纹。这是唯一发现的雕刻有纹饰的玉钺。到目前为止，组合式玉钺出土较少，数量不超过10件。拥有组合式玉钺的墓主正是墓葬规格最高的良渚社会权力的核心人物。

《尚书·牧誓》记载"王左杖黄钺，右秉白旄以麾"。意思是周武王伐商时，左手拿着黄钺。有学者研究认为，组合式玉钺与汉字中代表最高权力者的"王"字，和代表男性长者的"父"字的象形文字有着密切的发展与演变的关系。

### 玉璧

玉璧是良渚文化中分布面积最大的玉器，也是墓葬中大型玉器出土数量最多的种类之一。反山遗址23号墓随葬了54块玉璧，玉质有浅黄色、黄褐色、墨绿色，直径从18厘米至12.9厘米。在早期，玉璧直径小、形状不规则，逐渐发展至又

玉璧出土照片

大又圆，厚薄匀称。良渚晚期，大量玉璧的直径在20厘米以上。这一现象很可能与当时制玉技艺的成熟、玉璧功能的神化以及显贵阶层最大限度占有玉料的愿望等多种因素有关。在良渚中期，玉璧随葬时有一个奇怪的现象：精致的玉璧会放在墓主的胸部与腹部，而粗糙的玉璧则成堆叠在墓主的腿脚部位。有学者认为，这是某种葬俗制度，精致的玉璧是专用的法器，而粗糙的玉璧则可能是随葬用玉。

　　玉琮、玉钺、玉璧是良渚文化时期的核心用玉，玉已超越"石之美者"的境界，而被赋予世俗的权力，象征着神权、王权、财富，构建出中国早期的玉礼制。

## 第四节　其他玉器

已发现良渚时期40多种玉器类型。这些玉器有身份标识、生活用具、礼器等多种功能。我们依据墓葬中王族玉器的使用情况，将非礼器的玉器分为头饰、项饰、穿缀饰、其他玉饰四类。

### 玉头饰与玉项饰

头饰有三叉形器、成组锥形器、成组半圆形器，像梳、簪等一样插于头部，固定发式，标识身份、等级和地位。

玉冠状饰是良渚典型玉器之一。最早发现时，它出现于墓主人头部的位置，被认为应是帽子上的某种装饰件。一直到1999年海盐周家浜遗址的墓葬里，发现了一套玉冠状饰组合件。这套组合件位于墓主人的后脑勺，由一件象牙梳子嵌于玉冠状饰上——这表明了玉冠状饰的真正作用：它是梳子上的装饰件。玉冠状饰在周家浜墓葬中只出土1件，形状为倒梯形，上边制作成神

反山遗址15号墓出土玉冠状饰

人羽冠状，下边为凸榫并钻几个小孔，用于固定在各类材质的梳子上。良渚玉冠状饰一般素面或阴线刻神人兽面纹，反山遗址15号墓出土与16号墓的玉冠状饰却以镂空雕刻神人兽面纹饰，极为精致。

玉三叉形是良渚文化具有独特造型的玉器。它因三个支叉的器形而得名。中间的叉有上、下贯通的圆孔，很可能与某种有机质组合成发饰，插于头部。三叉形器在良渚遗址的中期至晚期一直使用，并只出现于良渚高等级墓葬，如瑶山遗

反山遗址14号墓出土三叉形器

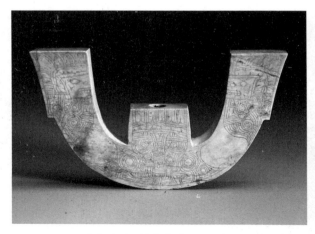

瑶山遗址7号墓出土三叉形器

址的南列8座墓葬，汇观山遗址4号墓等。三叉形器一般放在墓主头骨的上方。经鉴定，墓主均为男性。因此，三叉形器很可能是属于良渚特权阶级的装饰玉器。

玉锥形器是较为复杂的一类玉器，它的形状差别很大，有圆形和方形，有长有短，有素面或雕刻纹饰。这些差异说明，玉锥形器的功能可能与它的出土位置、墓葬等级等信息有关。比如素面、短而圆的玉锥形器在各等级的墓葬中都有出土，它可能是比较平民化的玉器。在高等级贵族墓葬中的玉锥形器，往往以成组的方式放置在墓主的头部。每组玉锥形器的数量不相等，但以3、5、7、9等数字为多。这类组合玉锥形器多数是素面，但每组中一定有一件是雕刻精美图案的。反山遗址12号墓在头部出土一组9件玉锥形器，其中1件为方形刻有简化神人兽面纹，其他为素面圆形玉锥形器。显然，成组玉锥形器就是墓主高人一等的身份标志之一。

半圆形饰片是形似半圆的片状玉器，在背面或侧边钻有1—3对小孔，用于固定玉器。半圆形饰片出土时四件一套，在墓葬中以相等的间距围成一圈散落在墓主的头端。反山遗址12号墓出土

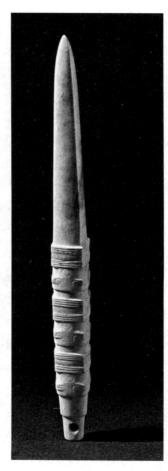

瑶山遗址出土玉锥形器

玉项饰

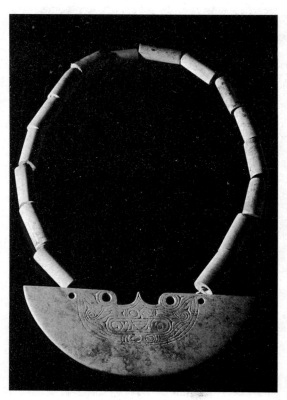

瑶山遗址出土玉璜串饰

了一套半圆形饰，正面弧凸，以浅浮雕技法雕琢神人兽面纹。背面弧凹，有三对隧孔，用于缝系于有机质上。虽然与半圆形饰片配套的有机质物质已完全腐烂，但研究人员根据它们的出土状况与相关资料，模拟复原了玉半圆形饰缝缀成头饰的情况。成套半圆形饰片出土于高等级墓葬，每墓仅出一套，很可能是地位与身份的标志物。

玉项饰主要由玉管、玉珠、玉璜、玉圆牌等组成，或单件，或组合成长短不一的玉串，作为胸前的装饰件。成组佩戴时，项饰有时由十几颗管珠组成，垂挂到颈胸部；有时由一二百颗管珠组成，可以一直垂挂至腰腹部；有时与玉璜组成豪华串饰。说到玉璜，早在7000年前的马家浜文化时期就开始作为颈饰使用。马家浜玉璜形状像弦月，挂在颈前。良渚时期的玉璜演变为半块玉璧状，与管珠组合成串饰，作为女性贵族身份的象征。当然，这些玉器不仅是生活中的佩饰，有时还发现于棺木上，那就可能是一种"棺饰"了；有些直接放在墓主身上，可能属于"葬玉"。这些装饰玉器出土的位置不同，功能也不同，体现了良渚先民复杂的用玉制度与葬俗制度。

## 玉穿缀饰

良渚玉器中有一些穿戴或缝缀在皮革和丝麻衣物上，如玉镯、带钩，球形隧孔珠、玉鸟等器物。

玉带钩形状与现在的皮带扣极为相似，前端加工成一个弯钩，后端对钻有一个圆孔。使用时，先在带钩圆孔处用绳线或布带做出一个圆环，再连接上腰带，或将腰带直接穿过圆孔，用某种方法系扎住。腰带的另一头则必须做出一个环形装置，系在弯钩上。玉带钩仅见于少数权贵的大墓，它既可能是钩系腰带的作用，也可能是一种很好看的腰部装饰物和等级标志。反山遗址14号墓出土了唯一一件刻有神人兽面纹的玉带钩。

鸟是良渚文化中出现频率最多的动物。表现形式也很多，有平面雕刻和立体圆雕。立体圆雕又分为俯视展翅型和侧立型。经统计，立体圆雕玉鸟出土的数量不多，不超过10件。这里展示的是俯视展翅型玉鸟，生动地展现了鸟在空中自由飞翔的状态。这些玉鸟出土在墓主的头部或者腿部。鸟的背面都钻有小隧孔，很可能就是缝缀

反山遗址出土玉鸟

在墓主的衣服上。良渚时期的动物玉器除了玉鸟外，还有玉蛙、玉鱼、玉龟、玉蝉等小动物，它们的大小与玉鸟一致，应该也是穿缀在衣服上的装饰件。这些可爱的动物装饰件展示了良渚人对大自然的膜拜。

半球形隧孔珠是把球形一剖为二的半球形玉器。它的背面都钻有对钻小孔，可以穿绳固定在某种有机质上。玉珠有装饰或实用两种功能。在墓主胸腹部的玉珠，可能就是服装上的玉纽扣粒；在墓主耳部一侧或双侧，可能就是帽檐或冠帽两侧飘带上的装饰件。

### 其他玉饰

玉端饰是对器身上有榫头或者卯眼玉器的统称。从榫卯结构分析，玉端饰可能会安装在某种有机质材质上，比如权杖、把手、杆子等器物上。可惜的是这些有机质都已腐朽，无法保存下来，出土时仅残留下玉器。这些造型别致的玉端饰，再现了一个极端奢华的用玉时代。

玉柱形器是良渚先民创造的新型玉器种类之一。名字来源于它的圆形柱子的形状。玉柱形器在墓葬中的位置很奇特，大多数放置在棺木的盖

瑶山遗址出土玉端饰

板上，或者是在棺木的侧面空间里。研究发现，那些侧面空间的玉柱形器，最初是放置在棺木盖板上。由于年代久远，木棺腐烂倒塌，改变了它们最初埋葬的位置。因此，玉柱形器就是葬具上一种厌胜或者辟邪的器物，多出土于良渚时期的高级贵族墓葬。反山遗址12号墓出土3件玉柱形器，均在墓主人肩颈部，其原来用途已不能确定，但却是极为有趣的玉柱形器。其中2件玉柱形器从残留的加工痕迹看，似良渚玉琮的玉芯加工制成。另一件87号玉柱形器雕刻了12个浅浮雕的神人兽面纹，以竖向4列、横向3行排布。雕刻精致，构图结构和谐的玉器之一。

良渚还发现有一些工具类玉器，它们不能

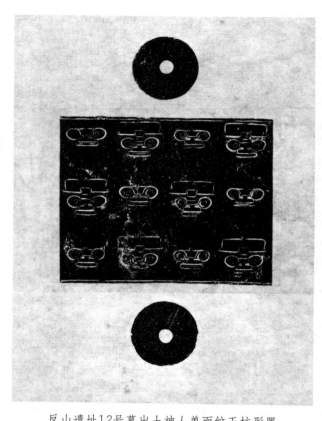

反山遗址12号墓出土神人兽面纹玉柱形器

（编号87号）展开图

瑶山遗址出土玉匕

在实际生产中使用，主要表示拥有者的身份和地位。玉耘田器、玉镰、玉纺轮、玉勺、玉匕等玉器是从农业生产或生活中脱离出来的玉礼器。匕是史前社会最主要的餐具之一。它既可以切割肉类食物，又可以用于进食米饭。但到了青铜时代，它开始慢慢退出餐桌，匙和勺等餐具开始逐渐流行起来。

琳琅满目的玉器，功能多样，向我们展示了5000年前一个崇尚玉、爱玉、用玉的史前文明社会。他们将玉礼制化、体系化，达到了用玉文化的第一个高峰期，使玉器成为中华文明的重要特征之一。在岁月流淌中，玉虽历经浮沉，但一直连绵不绝于人们的心中。

# 第四章　良渚遗址与中国同时期遗址

## 第一节　发现良渚

### 从发现到命名

良渚文化，如今已经是名扬海内外的中国史前考古学文化；良渚遗址，更是因为一座史前古城和古城外围水利系统的考古大发现而闻名遐迩。中国文明形成于5000年前的科学假说，终于在考古学家们的手铲下得到了实证，中国早期历史也将因此而重新书写。

而所有这一切，都源自一位叫做施昕更的考古学家在他的家乡浙江余杭良渚镇的一次考古工作。1936年12月至次年3月间，施昕更分三次对棋盘里、横圩里、茅庵前、古京坟、荀山东麓以及长明桥钟家村等6处遗址进行了试掘，获得大批黑陶和石器。发掘工作结束后，施昕更撰

施昕更

写了《良渚——杭县第二区黑陶文化遗址初步报告》，并制成图片100余张。这是第一部良渚文化遗址的发掘报告，被认为是中国考古学史上具有代表性的考古报告之一。

良渚文化的发掘与研究因日本侵华战争而中断。中华人民共和国成立后，良渚文化的考古发掘工作重新开始。随着浙江余杭长坟、吴兴邱城、杭州水田畈，江苏苏州越城、吴江梅堰和上海马桥等地进行的一系列考古发掘工作的展开，人们开始认识到，杭州湾地区以良渚遗址为代表的远古文化具有独特的内涵和明确的个性。在此基础上，著名考古学家夏鼐于1959年正式提出"良渚文化"的命名。

## 由"点"到"面"

20世纪60—80年代初，在江、浙、沪展开了一系列考古发掘。1973年江苏吴县草鞋山遗址的发掘，第一次在典型良渚文化墓葬中出土了玉琮、玉璧等礼器，将长期被视为"周汉古玉"的良渚玉器放回新石器时代良渚文化的年代坐标。此后发掘的吴县张陵山、武进寺墩和青浦福泉山等遗址，进一步印证了玉器与良渚文化不可分割的联系，丰富了人们对良渚文化的认识。而在1981年浙江省文物考古研究所成立了吴家埠工作站，对良渚、瓶窑两镇和安溪乡一带，进行了两次有目的的考古调查，新发现史前遗址30余处，对该区域良渚遗址的分布情况，有了最基本的了解，但此阶段良渚遗址的概念尚未提出，其特殊性和重要性尚未被认识，对遗址的认识，尚着眼于"点"的认识。

从20世纪80年代中期开始，浙江省文物考古研究所的考古工作者们在良渚、瓶窑一带相继发现了反山显贵者墓地，瑶山、汇观山祭坛与墓地，莫角山巨型建筑基址，塘山"土垣"等大型遗址，以及100多处良渚文化遗址和墓地。它们共同构成了分布密、类型多、规格高的遗址群。此阶段发掘的反山、瑶山遗址入选了中国"七五"期间全国十大考古新发现，莫角山遗址入选了中国"八五"期间全国十大考古新发现，莫角山、汇观山的发现还被评为当年度的全国十大考古新发现。以上遗址的发现与发掘，不仅使人们对良渚遗址有了新的认识，而且将良渚文化的研究推向了一个新的高潮，良渚遗址也从此成为良渚文化研究的中心。1997年至2002年，良渚工作站组织力量对遗址进行了全面调查，使遗址内的遗址点从原有的50余处增加到了135处，从而完善了对遗址范围的认识，此间又有庙前、塘山、姚家墩、文家山、卞家山等不同类型重要遗址的发掘，对于不同遗址的性状和等级有了进一步的认识。对良渚遗址的认识开始注意到了各遗址的功能区分，以及遗址点密集分布的空间特性背后所反映的整体关系，突破了单纯的遗址"点"的认识，提出了良渚遗址这一"片区"的概念。并且，1996年良渚遗址被国务院公布为第四批全国重点文物保护单位。

### 确立良渚文明

良渚古城遗址的确认无疑是最为重要的发现，随着良渚古城的发现，良渚遗址内的认识角度也由"片"的概念发展为"城"的角度。占地约100平方公里的良渚古城发现于2007年，是由宫殿区、内城、郭城和外围水利系统组成的四重结构的都邑城址，也是目前已知当时世界最大的城址之一。良渚古城的内城由四面城墙围合而成，面积约3平方公里，莫角山宫殿区位于内城的正中心，是中国已发现的最早的"紫禁城"。

在古城北部和西北部发现有11条堤坝，是目前所知世界上最早、最完备的防洪水利系统。同时，在古城内外还分布着多处不同大小、不同等级、不同功能的聚落，形象地标示了中国后世王朝"国""野"之分的政治格局。

经考古勘探和发掘证实，良渚古城的台地、城墙以及水利系统均由人工堆筑而成。据不完全统计，整个宫殿区面积0.3平方公里、堆筑高度10余米，土方量约为211万立方米，接近埃及大金字塔的工程量。整个良渚古城遗址的土石方总量近1000万立方米，假设参与建设的人数为1万人，每3人1天完成1方，每年工作日365天，则需要连续不断工作8年。如此浩大的工程量，反映出当时不仅有着丰富的人力、物力资源，还有着高效顺畅的社会组织能力，深刻地揭示了强制性权力的高度集中和膨胀，标志着良渚文化已经进入成熟文明和早期国家阶段。

良渚古城考古大发现石破天惊，良渚文明由此确立，成为中国早期文明形成的标志性考古学文化，实证中华文明5000年历史的开端。

## 第二节　辽宁牛河梁遗址

说到玉器，红山文化与良渚文化是中国史前玉器文化的两朵奇葩，被誉称为"南良渚，北红山"。20世纪80年代，在辽河流域牛河梁遗址发现了5000年前的红山文化后期祭祀建筑群和贵族墓地，它们是辽河流域正在走向文明的重要标志。

红山文化因最早发现于赤峰红山而得名。主要分布于辽宁省西部和内蒙古东南部，遗址中心集中在老哈河中上游到大凌河中上游之间。时间为新石器时代晚期，距今约6500—5000年。牛河梁遗址是红山文化最具有特征的遗址。

牛河梁遗址因大凌河支流牛儿河得名，位于努鲁儿虎山山谷间长达10余公里的山梁上。这里发现多处墓葬，总结特点如下：墓葬多墓成冢，每一冢独自成一单元。这些冢都堆筑在山冈顶部，一冈一冢或双冢或多冢。每个冢里有数量不等的墓葬——一座中心墓与多个不同等级的墓。中心墓位于冢的中央，墓穴宽而深，四边有台阶；墓中有大型石棺，用平整的石板竖向围合堆砌而成。次等级墓中有土坑，墓底筑有大型石棺。小墓的土坑一般不明显，但都有石棺。

在石棺上先堆土，再堆石块，形成地上建筑。然后，用石块堆出冢的边界，由内向外，共分三层。冢界形状有方形、长方形、圆形、前方后圆形等。红山文化积石冢之间单元明确，每一冢中心大墓与其他墓的排列，显示明确的等级关系，以及"一人独尊"的地位。

牛河梁遗址发现一座保存较好的建筑，主体建筑为半地穴式，呈亚字形，南北长22米，东西最窄处2米，最宽处9米。从建筑遗迹看，为圆形建筑。分主体和单体两个单元，主体由7室相连，主室为圆形，左右各一圆形侧室，北部为一长方形室，南部还有两个圆形室和一个长方形室。这样的多室建筑结构，与一般的单间或双间的居住址都无法相比。

在半地穴中堆满了各种遗物。考古学家整理与分析出墙体、屋顶等建筑残件，还有人物塑像、动物塑像、陶器等。陶器有镂孔彩陶、盆、熏炉器盖。陶器上刻有红山文化标志性的"之字纹"。由于红山文化居住遗址发现较少，墓葬中只随葬一小部分陶器，因此陶器用途也较难确定。但彩陶彩绘图案明显与仰韶文化有交流。动物塑像有龙形和鸟形的残件。主室出土的猪龙，其头顶与身体大部分已残缺，但可见鼻孔、眼睛，嘴部露出獠牙。龙与鸟的形象不仅出现于陶器上，更是玉器上的主题图案。它们在红山文化中有着特殊的地位。墙体残件上留下了木柱和草秆的痕迹，说明墙体建设时，内芯使用木柱与草秆，再糊上一层一层的泥。因时间的原因，木柱与草秆没有被保留下来，仅残存了印迹。建筑倒塌时，屋内的塑像也随之破碎成大小不一的残件。一些残件能清晰地辨认出是头、肩、臂、乳房等。头部的顶部、左耳等部件已残缺，但眼、鼻、颧骨、嘴栩栩如生，眼中还镶嵌圆形玉片作为眼睛，面部涂有红彩。考古学家从其形状推测应是少年女性。从残件看，它是一座全身塑像，与真人一般高。塑像技法高超，形态逼真，是史前雕塑艺术的杰出作品。这处建筑遗迹因复杂的建筑结构又有女性的塑像被称为女神庙。女神塑像应是表达某种原始的宗教观念。

红山文化的玉器大气粗犷，造型独特，内涵丰富深奥，展现了中国史前玉文化强烈的地域特征。考古学家将已发掘出土的玉器按照器型与功能分为人形玉、动物形玉、勾云形玉、箍形玉、玉璧、环形玉、珠形玉、特形玉、棒锥形玉、工具等。

人形玉器发现在牛河梁遗址。玉人的面部表情很丰富，闭着双眼，嘴半张，双臂弯曲紧贴胸前，手指靠近肩胛骨，肚子圆鼓，肚脐夸张，双脚并排，好似在做一件重要的事。它被称为作法的巫师。完整的玉人在红山文化中仅出现了一件，它的形态与长江中游凌家滩的玉人很相似，这些玉人之间是否有着某种关联呢？多数学者认为这并非是偶然现象，而是双方有交流的证明。

动物形玉器的动物形象有来自自然的，也有想象的。如龟、鳖、鱼、虫蛹、玉鸟等动物形玉器，用写实的手法表现自然界的动物。龙形玉和玉凤是红山文化玉器的典型器，提取多种动物的特征，虚构出一种新的形象。动物形玉器的广泛使用，与人们的渔猎经济有着密切的联系。红山文化玉器的表现技法简洁、纯粹，独具特色。

龙形玉有两种类型，一类形状粗壮厚实，形似玉玦，被称为玦形龙，一类像英文字母"C"，被称为"C"形龙。这两种类型虽统称为龙，但形体上有较大的差别。玦形龙眼、嘴、

斜口筒形玉器（牛河梁遗址第二地点冢1M4：3）　　龙形玉（牛河梁第二地点冢1M4：2）

尾以线条构成，一般器形浑圆，大小差别较大，直径最大的有15厘米，最小的3—5厘米。有说它形似猪，又被称作玉猪龙，有说它模仿熊的样子，但更有可能是多种动物的融合体。"C"形龙的嘴部突出，鬃毛飞扬，身体纤细，类似蛇。龙形玉是红山文化的标志性玉器。

鸟形玉有鹰、鸮等写实动物，也有玉凤，运用了多种手法来表现。玉鹰和玉鸮的形象很凶悍，模仿鹰、鸮展开双翅在天空飞翔的动态。而玉凤则回首枕在双翅上，优雅自得。

斜口筒形玉器因筒形、斜口而得名。它是红山文化出土最多、最特别的一类玉器，在小墓葬中都有随葬。它造型简单而别致，无纹饰，因为大多数发现在墓主人的头下，有人认为是束发器，又把它称作箍形玉。那么，发现在腰部或手部的斜口筒形玉器呢？显然与前面的解释无法对应。在安徽省凌家滩的墓葬中出土了一件斜口筒形器，学者们定为龟形器。这让人联想到红山玉器，两者之间是否有相同的功能，与商代龟甲占卜的用途一致呢？

勾云形玉器因线条流动像勾状而得名。这类器形一般比较大，造型左右对称，看上去像云，又像是彩陶上的图案，也像兽面图案的艺术化处理。勾云形玉器是重要的随葬品。它与龙形玉、玉凤类同，运用抽象的手法表现某种意识形态。

玉璧有圆形、方圆形，有单孔、双孔、三孔。少数璧为圆形，也为内外缘磨薄似刃的做法。另，双联璧或三联璧常有出土，是红山文化玉璧的又一特征。

红山文化独特的埋葬方式、独一无二的女神庙及其玉器所表现出的抽象技艺，都揭示了红山文化复杂的、高度发达的精神世界。

## 第三节　山西襄汾陶寺遗址

陶寺遗址位于山西省临汾市襄汾县县城东北约7公里处的陶寺乡，1958年文物普查时被发现。遗址中有庙底沟二期文化早期和陶寺文化两种史前遗存。陶寺文化延续时间有四五百年，分早、中、晚三个阶段，年代为公元前2300年至公元前1900年。遗址面积达400万平方米，是陶寺文化的核心聚落，有古城址、墓地、居住址、陶窑、水井等丰富的遗迹，出土陶、石、骨、蚌质生产工具、生活用具、乐器、装饰品以及卜骨等遗物，引人注意的是出土了鼍鼓、特磬、蟠龙纹陶盘等王室重器。

2000年考古人员发现了陶寺文化古城址，面积达280万平方米。陶寺宫城面积近13万平方米，位于陶寺遗址东北部，呈长方形，东西长约470米，南北宽约270米。宫城城墙仅残存基槽部分，东南角有一处出入宫城的城门。城内有宫殿区、独立的大型仓储区、等级分明的墓葬区。古城延用时间较长。早期城址包括宫城和外城，面积一共20多万平方米。中期为回字形布局，宫城在里，郭城在外。研究人员认为，陶寺宫城基址是已发现的中国最早的宫城，很可能是中国古代都城制度的源头。

宫殿区外的东南区域为墓葬区，1978—1985年的发掘工作清理墓葬1309座。由于墓葬中随葬陶器的只有42座，这使考古人员很难通过随葬品判断墓葬的年代。而且，墓葬之间的打破关系也极为复杂。有一片690平方米的发掘区内发现墓葬476座，可以想象墓地的密集程度。墓与墓叠压、打破，导致一些墓仅存一半或者一角，有的墓填土里有其他人骨，有些墓的随葬品混在一起。发掘工作进行得非常艰难。这些墓的墓葬形制、随葬品都有明显的差别。大型墓使用木棺，随葬有彩绘陶木器、玉石礼器和装饰品以及整猪骨架等。中型墓尺寸略小，有棺，随葬骨木玉石略少，还有猪下颌骨。小墓小而没有随葬品，类似公共墓地。这些现象显示墓葬等级分化，社会分层。

3015号墓是规格最高的墓葬，略有破坏。墓穴头端宽2.68米、足端宽2.5米、中线长3.2米。墓主为40岁左右的男性。随葬折腹斝、彩绘木器、骨匕、玉石钺、长柄木斗、陶灶、大小陶罐、木俎等。在墓底出土石镞129枚、骨镞10枚。在墓主足端出土彩绘木腔鼍鼓一对（内有鳄鱼骨板35枚），大石磬与研磨盘和研磨棒一套。类似3015号墓规格的墓还有4座，学者们认为这些墓主人很可能是当时的国王。

鼍鼓是鳄鱼鼓。扬子鳄又称"鼍"。从龙山时代到商、周，鼍鼓一直是王室、诸侯、方国首领专用的礼制重器。

特磬是单枚、磬体较大的石磬。石磬是中国古代礼乐重器，使用时间从龙山时代到夏商时期，分布在黄河流域和北方长城沿线地区。

2002年又发现了重要的观象台遗址。观象台面积1400平方米，台基形状为半圆形，在台基上有13根不规则的柱子围成半环形夯土柱列，柱与柱之间留出了12道间距不等的空隙。考古人员是如何判断出遗址是观象台呢？考古学者冯九生花费了两年时间，经过77次的观测，发现在第2个空隙看到日出为冬至日，第12个空隙看到日出为夏至日，第7个空隙看到日出为春、秋分。空隙应该是用于观测。

研究人员发现陶寺文化中有大汶口文化、良渚文化、红山文化、屈家岭—石家河文化等考古学文化的因素，文化的交流与融合，进一步促进中华文明的形成。

## 第四节 陕西神木石峁遗址

2012年考古人员首次确认石峁城址。石峁城址由皇城台、内城、外城三部分构成，总面积达400万平方米，是目前考古发现的中国史前时期最大的城址，始建于公元前2300年前后，废弃于公元前1800年前后。

石峁城址与其他史前城址不同，以石堆砌而成。皇城台是座方形的台面，面积8万多平方米，四面有石头砌成护坡墙。内城形状呈不规则的椭圆形，将皇城台包围其中，面积约210万平方米；内城的城墙利用地势，堆石而成，长度约有5700米，宽约2.5米。现存墙体比地表高1米左右。外城是在外城东南侧形成一个半包围的、用石堆成的高约1米左右的墙体，墙体现存长度约4200米，宽约2.5米，城内面积约190万平方米。

在皇城台、内城、外城都有城门的迹象。为进一步了解城门的结构，考古人员对外城北部的东城门进行发掘。城门的结构令人难以想象地复杂，有门道、瓮城、门塾、马面等多种结构。城门是土石结构的，占地面积达2500平方米。门墩是城墙体与城门相接的地方，左右各一个，工艺很讲究，用石块将夯土层包起来，夯土层的面积约有200平方米。两个门墩中间是通行的门道，宽约9米。门墩靠近门道那侧用石块砌出山字形的两间房，这类房间被称为门塾。考古人员曾在房间中发现了灶的遗迹。

在门道进出的两端，靠近门墩处，用石砌出一个横向的"L"形状，这就分为内瓮城、外瓮城，将进出城的通道口统一管理。这种形制称为瓮城，是保护城门的一种方式，为了避免城门直接暴露在敌人面前。考古人员发掘瓮城墙体的基础时，发现了24个头骨，排列很整齐，经鉴定多数是女孩。为什么要将人头骨埋葬在瓮城墙体下呢？很可能与建城时的祭祀活动有关。目前在石峁遗址中发现埋葬人头骨的遗迹10处。瓮城墙上还发现了极为珍贵的壁画300多块，壁画白底，绘以红、黑、黄、绿四种颜色的几何形图案。外瓮城之外还有面积约2000平方米的广场。

考古人员还发现城墙每隔一段距离就凸出设置一处防御设施，因它像马脸形状，称作马面。

马面的修筑方式与城门一致，中间是夯土层，外围砌石墙。马面凸起的形状，有两种功能，既可以加固墙体，又能增强防御的功能。

石峁遗址出土的文物有骨器、石器、陶器、玉器、铜器、纺织品和漆器等。陶器有鬲、盉、斝、罐、豆、瓮等日用器。石峁遗址还出土了许多石雕。石雕人面刻在一块石料上，浮雕出椭圆形的人脸，雕琢出眼睛、鼻子、嘴，形象生动、逼真。这块石雕人面出土于一处马面附近，很可能是镶嵌于马面上。2018年在皇城台建筑遗迹最底层的石垒层出土了许多石雕，有神面、虎首、牛首等形象。这些石雕的艺术表现技法非常成熟，有圆雕、阴刻、阳刻，显示出当时的信仰与崇拜体系。

到目前为止，石峁遗址的考古发现仅揭示了冰山一角，城址、石雕、玉器等展示了西北史前文化的发达，更进一步揭示出中国史前文化的丰富性、融合性与多元性。

# 出版说明

　　"新编历史小丛书"承自上世纪60年代吴晗策划的"中国历史小丛书"，其中不少名家名作是已经垂之经典的作品，一些措辞亦有写作伊初的时代特征。为了保持其原有版本风貌，再版过程中不做现代汉语的规范化统一。读者阅读时亦可从中体会到语言变化的规律。

新编历史小丛书编委会

**图书在版编目（CIP）数据**

良渚遗址 / 罗晓群，黄莉著． — 北京：北京人民
出版社，2020.3
（新编历史小丛书）
ISBN 978-7-5300-0406-7

Ⅰ.①良… Ⅱ.①罗… ②黄… Ⅲ.①良渚文化—通
俗读物 Ⅳ.①K871.13-49

中国版本图书馆 CIP 数据核字（2019）第 050747 号


责任编辑　王铁英　　特约编辑　张　荷
责任印制　陈冬梅


新编历史小丛书

良渚遗址
LIANGZHU YIZHI

罗晓群　黄莉　著


出　　版　北京出版集团
　　　　　北京人民出版社
地　　址　北京北三环中路 6 号
邮　　编　100120
网　　址　www.bph.com.cn
总 发 行　北京出版集团
印　　刷　北京汇瑞嘉合文化发展有限公司
经　　销　新华书店
开　　本　880 毫米 ×1230 毫米　1/32
印　　张　4.375
字　　数　70 千字
版　　次　2020 年 3 月第 1 版
印　　次　2020 年 12月第 3 次印刷
书　　号　ISBN 978-7-5300-0406-7
定　　价　24.80 元

如有印装质量问题，由本社负责调换
质量监督电话　010-58572393